Electoral Politics Is Not Enough | Racial and Ethnic Minorities and Urban Politics

仅有选举政治是不够的

少数群体利益表达与政治回应

〔美〕皮特·F.伯恩斯（Peter F. Burns）著　任国忠 译

全国百佳出版社
中央编译出版社
CCTP　Central Compilation & Translation Press

图书在版编目(CIP)数据

仅有选举政治是不够的：少数群体利益表达与政治回应/(美)皮特·F.伯恩斯著；任国忠译. —北京：中央编译出版社，2011.9
ISBN 978-7-5117-0998-1

Ⅰ. ①仅…
Ⅱ. ①皮… ②任…
Ⅲ. ①公民 – 利益 – 研究 – 美国
Ⅳ. ①D771.2

中国版本图书馆 CIP 数据核字(2011)第 183497 号

Electoral Politics Is Not Enough by Peter F Burns
Copyright © 2006 by Peter F Burns
All rights reserved.
Published by Central Compilation and Translation Press(Beijing)under the arrangement with the author.

仅有选举政治是不够的：少数群体利益表达与政治回应

出 版 人	和 龑
策划编辑	谭 洁
责任编辑	杜永明
责任印制	尹 珺
出版发行	中央编译出版社
地　　址	北京西城区车公庄大街乙 5 号鸿儒大厦 B 座（100044）
电　　话	（010）52612345（总编室）　（010）52612341（编辑室）
	（010）66161011（团购部）　（010）52612332（网络销售）
	（010）66130345（发行部）　（010）66509618（读者服务部）
网　　址	www.cctpbook.com
经　　销	全国新华书店
印　　刷	北京瑞泽印刷厂
开　　本	787 毫米 × 960 毫米　1/16
字　　数	169 千字
印　　张	12.5
版　　次	2011 年 9 月第 1 版第 1 次印刷
定　　价	39.00 元

本社常年法律顾问：北京大成律师事务所首席顾问律师　鲁哈达
凡有印装质量问题，本社负责调换，电话：（010）66509618

目 录

前　言 …………………………………………………………… 1
缩写词 …………………………………………………………… 6
第一章　少数群体利益的代表 …………………………………… 7
第二章　东北地区城市的差异 …………………………………… 21
第三章　对美国黑人和拉丁美洲人政策偏好的认知 …………… 63
第四章　对美国黑人和拉丁美洲人权益的反应 ………………… 101
第五章　美国黑人和拉丁美洲人如何获得政策的支持 ………… 131
第六章　城市政权理论和黑人利益的代表 ……………………… 147
附录一　访问问题一览表 ………………………………………… 168
附录二　问题领域分类表 ………………………………………… 180
参考文献 ………………………………………………………… 187

前 言

　　这个研究项目是由一个我通常都会关注到的问题开始的，这个我经常关注到的问题指政府的领导者们对美国黑人和拉丁美裔人的利益表达缺乏必要的了解以及应有的回应。这个研究项目是在1998年8月31日的早上开始的，那天早上，我和吉姆佩尔参加了一场专业队的足球比赛。那时我刚刚完成了我的专业综合测验考试，而且只要再完成一个专题论文的写作就可以顺利获得哲学博士学位了。一般来说，我都是与吉姆佩尔相互探讨并且寻求吉姆佩尔给我的指引。吉姆佩尔通常都会给我很多建议，这次他建议我要把自己封闭在图书馆里面，在里面安心地阅读所有能够涉及到我的研究领域的各个方面的书籍。他还告诉我，我应当经过细心的研究，最终能够明确地解答我所研究地领域内理论界现存的一些疑问，从而可以填补该领域的一个非常重要的空白。

　　我通常都会去关注有关政府对少数人群利益表达回应这方面的问题，为了更深入地了解和解答这方面的问题，我查阅了很多有关这个领域的文献和书籍。另外，我所做的这个研究项目主要是集中在这样一个问题上，即少数人群居民是如何获得政府公务员的职位的。后来，指导我论文写作的指导老师卡拉伦斯·斯通给我介绍了一本关于政治一体化的参考文献，并告知了我有关政治一体化方面现在理论界的研究方向和趋势。政治一体化这个研究的方向是由布朗宁、马歇尔和泰伯他们三人开创的。[①] 我的论文

---

① 鲁弗斯·布朗宁、戴尔·米歇尔和大卫·泰伯，《抗议是不够的：黑人与西班牙人在城市政治中为了公平的斗争》（伯克利市，加利福尼亚大学出版社，1984年）。

仅有选举政治是不够的：少数群体利益表达与政治回应

指导老师卡拉伦斯·斯通还不断鼓励我去认真的阅读巴顿的《黑人和社会的变革》一书，这本书对我的影响相当巨大，而且我的这个研究项目的书写模式就是以该书为蓝本的。①

在《仅有选举政治是不够的》一书中，作者调查了那个拥有较强政治传统的美国东北部地区的政府的领导者们是如何以及为什么要了解居住在那里的美国黑人和拉丁美裔人，此外还调查了该地区的政府的领导者们是如何以及为什么需要对拉丁美裔人和美国黑人的利益作出回应。通过对这个项目的研究，我想通过我所写的这本书来阐述我一直想要回答的一些问题，但是这些问题要求我们必须对美国的代表制度和管理制度有非常深刻的洞察力和理解力。

许多学者以及研究者们对我的这个研究项目的进展情况十分关注，在这里我也要借此书向所有帮助过我的人致谢，感谢很多人为我的这个研究项目的付出。在这里，我要特别感谢吉姆佩尔，吉姆佩尔在我的这个研究项目进展的每一个阶段都为我提供了无私的帮助。只要是我所需要的，无论什么时候，他都会及时地给我鼓励并为我的研究提出宝贵的建议。可以说，他是我的良师益友。

克拉伦斯·斯通也是一位杰出的导师、学者和教师，是一个非常优秀的人。能够跟着他学习，我真的是非常的幸运。我相信，作为克拉伦斯的学生会有一种特殊的责任感来进行一些一流的研究，这些研究是关于目前一些紧急问题的研究。我非常认真地接受了这项挑战性任务并且希望该书也能够反映出克拉伦斯和其他学者花费了多少时间、多少努力和多少精力，正是他们在促使我成为了一个好的学者。

当我还是马里兰大学的一个学生时，我的这个项目就已经开始着手做了，我当时还是哈特福德三一学院的一位助理访问学者，是新奥尔良洛约拉大学的一名副教授。对于马里兰大学，我非常感谢其政府和政治教育系，

---

① 见詹姆斯·巴顿，《黑人和社会的变革：在社区南部公民权利运动的影响》（普林斯顿大学）。

前言

还要感谢我的论文评审委员会的其他成员，文斯·玛兰达，查尔斯·克里斯汀和琳达·威廉姆斯。对于三一学院，我想要感谢政治科学系，特别要感谢马克·富兰克林和蒂·桑德他们帮助我校对并形成了我的手稿。当我在三一学院时，吉姆·B·金和埃文·S·杜伯利教会了我很多关于政府、政治和政策上的事。约翰帮助我安排了我要在沃特伯里市会见的人员。吉利安·莉莎是在三一学院的一位高材生，她帮助我对哈特福德市的政府和政治的思考。三一学院中心为联合教育和研究设立的休利特研修项目为我提供了免费的课程和购书的资金，这两项使我能够集中精力去研究哈特福德市的政治。

我也要感谢新奥尔良洛约拉大学的艺术与科学学院和整个的政治科学系。院长弗兰克·史卡利和系主任菲尔·丹尼尔给我提供了免费的课程，帮助我完成了校订。奖学金和科研办公室分配给我必要的经费使我设计了图表。美国政治科学联合会的一笔小额拨款和新奥尔良洛约拉大学的马奎特奖学金帮助我完成了这个项目的研究。我也特别感谢埃里克·哥勒姆，他阅读了我所有早期的手稿版本，还有盖尔·玛富勒，他帮助我制作了我的手稿。当我在新奥尔良洛约拉大学时，埃德·伦维克，康拉德·拉贝和玛丽·特洛伊·约翰斯顿也给了我很多的意见和支持。娜塔莉·泊伊尔和杰西卡·康塔夫，他们两个人是新奥尔良洛约拉大学非常聪明并且非常有求知欲望的学生，他们阅读了我的手稿并且对学生们是如何看待我的作品提出了非常宝贵的意见。凯瑟琳·亚当斯和约翰·比格内特，是非常著名的作家，他们也是新奥尔良洛约拉大学英语系的杰出教授，为我的写作提供了非常有价值的意见。

我也要感谢吉姆·詹宁斯、约瑟·克鲁兹、凯文·福克斯·哥谭和马里恩·奥尔给我的反馈。他们改进了这本书，正如多里安·黑斯廷斯所做的一样，他也编辑过这本书。美国政治科学联盟的小额研究经费使我可以研究和思考关于国家对康涅狄格州哈特福德市的教育进行接管的问题。《都市事务杂志》也同意让我使用两篇文章的一部分用在我的书

仅有选举政治是不够的：少数群体利益表达与政治回应

中。这两篇文章是"康涅狄格州的哈特福德市的政府间政权和公共政策"（《都市事务杂志》24版2002年第1期第55-73页）和"政权理论，州政府和城市教育的接管"（《都市事务杂志》25版2003年第3期第285-303页）。

戴布拉·伍德浮克是新奥尔良洛约拉大学的一名通信学教授，为这个项目制作了表格和图表。

特别要感谢马特·托马斯，他在这个项目的整个过程中都给我提供了帮助。他阅读了草稿和各个章节，当我需要的时候他都会给我提供意见，并且他也是一位很好的倾听者。马特还教会了我很多关于社会团体监管的事。他的专业意见对公共安全政策这一章是很有必要的。迈克尔·瑞纳拉，迈克尔·哈格特和纽约州立大学出版社的全体员工一直都是非常的敬业，他们非常出色地对这本书进行了设计。

虽然这些改革模式也在哈特福德市得以应用，但毕竟不同于布朗宁、马歇尔和泰伯所研究的那些城市一样，因为代表了未改革政府的特点，坚定地维护传统的政治模式。城市采取政党选举，民主党一直都掌控城市的就业和政治。没有投票表决议会权的市长却领导这议会，因为他们要控制民主党的候选人。他们具有政策领导的合法权利，有权任命公民进工会，承担哈特福德政府官员代表本国政府的义务。以往的几任市长和城市议会的成员对哈特福德的政治都产生了很大的影响。综上所述的这些特征象征了东北地区的政治传统强有力的生命力。

没有我的家庭的支持，这个项目是不可能完成的。我的姐姐帕蒂·伯恩斯和我的姐夫爱德华·桑代克在夏天为我提供了一个舒适而温馨的环境。他们让我用他们的电脑来编辑我的项目，并且带给我朋友般的友情。埃德也把布里奇波特市市政府的图片拿来当作该书的封皮。以这张图片作为交换，我在埃德家吃饭，开埃德的汽车，并在埃德家度过了三个美妙的夏天。

至于我的父母帕特丽夏·基夫·伯恩斯和皮特·老伯恩斯，说什么都

前　言

是不够的，我的父亲给我灌输了对教育和批判性思维巨大的鉴赏能力。他们帮助我坚持了我写书的必要的原则。我的父母还为我提供了许多资金上和精神上的必要支持，使我能够顺利完成这个项目。因此也不仅限于此，我谨将此书献给我的父母。

缩写词

ABCD	Action for Bridgeport Community Development
BECP	Bridgeport Enterprise Community Partnership
CAR	Children-at-Risk program
CASA	Chemical Abuse Services Agency
COPS	Communities Organized for Public Service
EAI, Inc.	Educational Alternatives, Incorporated
FBI	Federal Bureau of Investigation
HART	Hartford Areas Rally Together
HUD	Department of Housing and Urban Development
HAACP	National Association for the Advancement of Colored People
NOW, Inc.	New Opportunities for Waterbury, Incorporated
NRZ	Neighborhood Revitalization Zone
PRPAC	Puerto Rican Political Action Committee of Connecticut
PSA	Police Service Area
SADA	Spanish American Development Agency
SIHRY	Strategic Interventions for High Risk Youth
UNO	United Neighborhoods Organization
WWI	World War I
WWII	World War II

第一章　少数群体利益的代表

民主代表制最基本的理念是官员要响应、促进并且保护选民的利益，与此同时，众所周知的是，种族在政治生活中具有很重要的作用。一个重要的研究领域得到了发展，这个领域涉及了存在于少数团体中以及白人与其他有色人种之间的各种政治分歧是怎样影响美国黑人以及拉丁美裔人代表的利益的。这些分歧在当地聚集学校、公共安全以及其他与家庭密切相关问题的区域显得尤为重要。

有的研究表明，政策的制定随着当地管理机构的种族构成而变化，但是仍然有许多问题尚未解答。这些地区怎样形成此种局面？种族的政治在北部城市与在南部城市会显示出不同的作用吗？倾向于传统的、未改革政治的东北地区与改革后的加利福尼亚城市的市政政治不同吗？一个特别有意思的问题研究那些选举的和委任的白种人官员是怎样理解并遵照少数选民的利益，通过什么样的传意途径运转以及结果如何？

有几个因素会影响到选举的官员理解并回应选民利益的程度。一些是以政治上直接的方式，例如，至少自从 V. O. 肯的《南方政治》开始，两党竞争的政治被视为一种比一党专政更好的反应性保证。① 地区选举可能会影响到所接受的代表人的质量，因为与大的选举相比，它提供给了官员和选民之间一种更近的联系。

达到投票年龄的少数人群的人口规模能够影响白人领导者对这个人群

---

① 《州和国家的南方政治》（纽约：诺夫出版社，1949 年）。

仅有选举政治是不够的：少数群体利益表达与政治回应

的关注。① 这其中的一种可能性就是因为大规模的少数人群的选民会促使白人领导者理解美国黑人和拉丁美裔人这些少数人群的境况并考虑到他们的利益。另外一种可能性是因为白人领导者认为大规模的少数人群的选民会成为他们控制政府的威胁，从而导致了白人领导者对美国黑人和拉丁美裔人这个少数群体敌意的增加。

社会经济方面也提供了可以进行比对的资料。传统的观念认为，工人阶级中的白人在很大程度上是抵制这些少数人群的。领导者们会尽可能地考虑那些在城市中具有较高社会经济地位的少数人群的利益，因为这些人拥有一定的财力和能力来关注美国黑人和拉丁美裔人的利益需求。另外，达到投票年龄的少数人群的人口规模能够影响白人领导者对这个人群关注的第三种可能性，是因为那些并不富裕的白人与少数人群具有相同的利益需求，但富裕的白人官员却不认同美国黑人和拉丁美裔人的利益要求。这样，并不富裕的白人可能会和与自己的利益需求相同的少数人群联合起来影响白人领导者们对他们的关注。

对少数人群利益的回应现在已经超过了传统的政治表达渠道，并且很多的少数人群居民都已经获得了比以往高的社会经济地位。美国黑人和拉丁美裔人通常会利用非常规的资源——比如以社区为基础的组织和社会团体——来表达自己的利益需求并且协助政府进行管理。② 这些非常规的方法进一步增加了领导者对少数群体利益的关注。

美国黑人和拉丁美裔人利用非传统的资源获得了他们的政策目标，这是因为通过强有力的政治渠道仅仅只能对美国黑人和拉丁美裔人的利益代

---

① 历史上的少数人群一般指的是传统上被排斥的群体，特别是少数种族和少数民族的居民，因此，选举中的少数人群指的是达到选举年龄的选民人数的50%以下。本书着重于描写虽然美国黑人和拉丁美裔人是历史上被排斥的群体，但在调查的某些城市里，少数种族和少数民族的居民在数量上却占了大多数。

② 传统的渠道和资源是指与政治选举直接相关的活动。它包括选举官员、政党竞争和政党选举。教会、社区团体组织和社会服务组织是非传统的或超选举的渠道和资源，这是因为他们并不受官员和政党领导者们的引导，他们的使命就是为了改善他们的团体和组织的生活质量，并且他们在政治领域里开始的时候并不会有所行动。相比之下，传统渠道很明显是包括政党、选举的官员或者各个时期其他的政治行动者。

第一章
少数群体利益的代表

表作出非常有限的回应。更重要的是，美国黑人和拉丁美裔人控制的组织资源的水平和特征会影响到政府的感知能力。在布里奇波特市，少数人群掌握着较高水平的非传统渠道，这意味着社区团体、社团组织和宗教机构，也包括其他的组织存在于在布里奇波特市的各个地方，这些地方也有许多的种族、民族和阶层。

当民主权利运动波及到南方的时候，政府官员对少数种族和少数民族利益关注的问题就变成了十分重要的问题。在民主权利运动以后，许多研究少数种族和少数民族的学者开始集中于使用传统常规渠道——如选举政治、政府控制和政党竞争——作为他们获得政治利益的手段。[①] 尽管如此，关于影响少数种族和少数民族利益因素的讨论仍然在进行中。另外，美国黑人和拉丁美裔人仍坚持不懈地要求得到政府对他们的关注。正是因为这些讨论和他们的不懈努力，此书着重研究了美国政府对美国黑人和拉丁美裔人在政策上的关注。

许多被选举和任命的官员曾问我，如果当美国黑人和拉丁美裔人的领导者们就社团所关注的问题不能够达成一致时，官员们应当如何去了解少数人群的利益需求。如果没有这些社区组织和联合体委员会，布里奇波特市的领导者们会主张，少数人群组织内部和少数人群组织之间的分歧会使美国黑人和拉丁美裔人组织的居民们的利益需求很难得到理解。我的研究（多数人群派的领导者们对美国黑人和拉丁美裔人利益的理解，领导者们如何理解少数人群的利益，对美国黑人和拉丁美裔人政策关注的回应）强烈建议在布里奇波特市的联合体委员会所做出的统一的意见使布里奇波特市

[①] 例如，见麦克·琼斯，"在南部乡村里黑人的任职和政党的发展"（Black Office Holding and Political Development in the Rural South），《黑人政治经济回顾》6（1976），第75－407页；艾伯特·卡瑞宁和苏珊·威尔齐，《黑人代表和城市政治》（*Black Representation and Urban Policy*）（芝加哥大学出版社，1980年）；皮特·K·艾辛格，"市区中黑人的工作状况：黑人政治权力的影响"，《美国人的政治科学回顾》76（1982），第380－392页；琳达·威廉姆斯，"20世纪80年代黑人的政治进步：选举舞台"，迈克尔·普勒斯顿，雷纳尔·亨德森，保罗·普利尔等，《新黑人政治：政治权力的研究》（二）（纽约：郎曼，1987年）；凯伦·考夫曼，《城市选举者：组织争斗和美国城市的市长选举行为》（安·艾博：密歇根大学出版社，2004年）。

的领导者们充分理解少数人群的利益变得容易了很多。社区组织、社团组织和社会服务组织之间的联合对布里奇波特市领导者以往的主张程度起到了限制的作用,布里奇波特市领导者以往主张:他们不能够与美国黑人或拉丁美裔人所关注的问题达成一致。

传统常规参政方式和少数人群利益的回应

许多学者发现常规渠道会影响美国黑人和拉丁美裔人的利益表达。西部和南部的研究表明,美国黑人和拉丁美裔人通过选举的渠道来获取他们的利益。在北加州,布朗宁、马歇尔和泰伯发现,当美国黑人和拉丁美裔人形成有效的选举联盟、获得职务并成为自由联合的主导部分时,政府将会代表他们的利益。[1] 以上的三个条件促使民主审查委员会的出现,增加了少数人群在委员会和政府职务中的代表,并且扩大了美国黑人和拉丁美裔人享有的利益。在佛罗里达州南部就是这样的,巴顿认为美国黑人的选举政治和选举的代议制会改善他们这个团体中警察、消防的服务和道路公园的环境,并且也会促使美国黑人的就业。[2]

如果美国黑人和拉丁美裔人成为选举中的多数派,或占据政府要职,或者控制了市政议会,那么少数人群的利益将会受到最高程度的关注。[3] 当然,如果少数人的种族和少数民族的团体仅形成选举的少数派,并且也没有控制政府要职和议会,则政府对他们的利益的关注程度就很难确定。随着美国黑人和拉丁美裔人的数量不断增加,他们对白人领导者控制市政财

---

[1] 布朗宁、马歇尔和泰伯,《竞争是不够的》(*Protest Is Not Enough*)。
[2] 见巴顿,《黑人和社会变革》(*Blacks and Social Change*)。
[3] 强调少数人群执政者对代表美国黑人和拉丁美裔人的利益所做的工作,见卡瑞宁和韦尔奇,《黑人代表和城市政治》(*Black Representation and Urban Policy*)(芝加哥大学出版社,1980年);皮特·K·艾辛格,"市区中黑人的工作状况:黑人政治权力的影响"。

第一章
少数群体利益的代表

政、合同和工作造成了威胁,白人对他们的抵触性也会越来越强烈。① 相反的,较高比例的美国黑人和拉丁美裔人的选举投票者会选举对种族持宽容态度的官员而代替完全抵制其他种族的官员,从而增加对少数人群利益的关注。当美国黑人和拉丁美裔人在他们的选区占据至少35%的选举者时,美国政府的官员就会增加对少数人群利益的关注。②

政党的竞争

基·达尔和其他人声称,各个党派之间的竞争会致使各个政党领导人想方设法地获得所有群体的支持,因此他们会增加传统上被忽视群体的关注度。③ 基说过,行政辖区内不确定的政治竞争会导致政治和政策更加倾向于少数人群,并且也会增加对这个人群的关注,而以往这个人群很少受到政府的关注。④ 在一个没有政党竞争的地区,领导者就不会与他们的组成人员深入研究这个问题,在这个地区,这些少数人的群体也就没有了参政的途径。党派竞争的缺失不利于这些少数人群参与政治。如果基是对的,那么政府对历史上和选举中的少数人群关注的增加就会体现出政党竞争的激烈程度。⑤

---

① 例如,见李奥纳·德克尔,"选举黑人去市政府部门:结构的和社会的决定性因素",《城市轶事》季刊10(1976)第1期,第17-39页;苏珊·约翰·西宾,"美国国会中的西班牙代表",《社会科学》季刊65(1984)第2期,第328-335页。

② 见卡罗·思温,《黑人的脸,黑人的利益:美国黑人在议会中的代表》(剑桥,MA:哈佛大学出版社,1993年);大卫·卢步林,《代表的悖论:国会中的种族操纵和少数人群的利益》(普林斯顿,NJ:普林斯顿大学出版社,1997年)。

③ 见肯,《南方政治》;州和国家的南方政治,《美国州政治:介绍》(纽约:诺夫出版社,1956年);罗伯特·达尔,《谁在管理?》(纽黑文,CT:耶鲁大学出版社,1961年);曼弗雷德·施密特,"穷国和富国的社会政治:社会经济趋势和政治制度因素",《欧洲政治研究杂志》17(1989),第641-659页。

④ 见肯,《南方政治》。

⑤ 见注释2关于历史上的少数人群和选举中少数人群之间的区别。

仅有选举政治是不够的：少数群体利益表达与政治回应

超越常规的渠道

尽管我们强调传统常规的参政方式，但这些方式影响少数人群利益代表因素的争论仍在进行。例如，政治经济地位这个因素会促使群体间的联系和对美国黑人和拉丁美裔人的关注。工人阶级人数较多的地方，白种人会很大程度地对抗少数人群体。[①] 社会经济地位较低的白种人，他们会因美国黑人和拉丁美裔人与他们存在潜在竞争而感觉自己受到威胁，那么他们会倾向于支持保守党，因为这个党会尽可能低地使少数人群获得资源的分配。相反，富裕的或较为自由的民众会促使少数人群间积极的联系并且也会增加对美国黑人和拉丁美裔人利益的关注。

社会经济地位并不仅仅影响少数人群的利益代表，因为它形成了居民的意识形态并决定了谁处于弱势。对少数人群利益的关注也取决于一个地区的财政基础是否能赞成对美国黑人和拉丁美裔人的关注。戴伊发现，富人比例较高的州会关注少数人群的利益，而较贫穷的州则会忽视少数人群的利益。[②] 有较多高社会经济地位居民的城市会尽可能多地关注少数人群的利益，因为他们的政府领导者拥有财政资源来满足美国黑人和拉丁美裔人的政策选择权。

---

① 例如，见埃弗雷特·拉德，"自由主义颠倒了：新政秩序的颠倒"，《政治科学》季刊91 第4 期（1977），第577 – 600 页；爱德华·卡门和詹姆斯·斯廷森，《问题的演变：种族和美国政治的变迁》（普林斯顿大学出版社，1989 年）；托马斯·伯恩·埃兹尔和玛丽·埃兹尔，《反应链：种族、权利和税收对美国政治的影响》（纽约：W. W. 诺顿，1991 年）。

② 见托马斯·戴尔，《政治，经济和公众》（芝加哥：兰特·麦克纳利，1966 年）；托马斯·戴尔，"美国的政党政治"，《政治杂志》46（1984），第1097 – 1116 页。

第一章
少数群体利益的代表

非常规资源

费尔曼提出，政治科学和城市统治的研究只注重选举政治而忽略了所谓的代表选择体系。[①] 她发现，团体利益代表是个民众利益的竞争。费尔曼的研究成果促使学者们去研究像社区和团体这些非传统渠道对少数人群利益代表的影响。

社区、团体和社会服务组织发挥了重要作用，它会增加领导者代表这些群体利益的可能性。为了增加政府对他们的关注和注意，社区组织成为政府的拥护者和政治积极分子。[②] 城市居民会通过与市政府沟通的方式来使政治领导者关注他们的利益。[③] 团体组织也会通过这种方式使他们的利益需求更明显并且会促使民众响应。[④] 它们联系政府和团体，但也经常会出现相互之间缺乏了解的情况。

政治领导者经常会寻求社区组织的帮助，因为在这个决策非常困难的环境中，他们的组织较容易作出决定。例如，在巴尔的摩，选举办公室会寻求社区组织的帮助来避免困难的政治决策。[⑤] 政治领导者寻求社区组织的帮助形成了政府和团体之间的互惠关系。这种互惠关系更进一步增强了政治领导者和团体领导者的联系。

社区和团体的领导者了解政治体系，并且这些组织经常将民众和政府

[①] 芭芭拉·费尔曼，《挑战成长发展的机器：芝加哥和匹兹堡州的社区政治》（劳伦斯：堪萨斯州大学出版社，1996）。

[②] 例如，见罗伯特·哈尔彭，《城市中心的重建：美国社区组织主动表达贫穷的历史》（纽约：哥伦比亚大学出版社，1995年）；罗伯特·费希尔，《让人民决定：美国的社区组织》（第二版）（波士顿：特维恩，1997年）。

[③] 例如，见约翰·托马斯，《居民和城市之间：辛辛提那的社区组织和城市政治》（劳伦斯：堪萨斯州大学出版社，1986年）；罗丝·吉特尔和玛格丽特·怀尔德（Margaret Wilder），"社团发展组织：影响成功的危机因素"，《城市轶事杂志》21（1999）第3期，第341—361页。

[④] 例如，见汉森和大卫·雷等，《社区团体组织和州的福利》（多伦多：多伦多大学出版社，1994年）；迈克尔·利普斯基，《城市政治的竞争》（芝加哥：兰德·麦克纳利，1970年）。

[⑤] 马修·科瑞森，《社区政治》（剑桥，MA：哈佛大学出版社，1983年）。

连接起来，这就易于表达民众的意愿。① 一个大而专注的委员会，他们分享利益的同时会掌控政府的注意力。② 政府恐吓和愚弄民众，团体组织会降低政府这些行为所产生的负面影响。

许多学者对社区团体对城市政治影响的程度产生疑问。彼得森将城市政治视为非团体政治，琼斯和巴彻勒认为社区团体缺乏对城市统治的影响。③ 通过财政资源的分配，社区团体功能的其他潜在缺陷和各种社会运动成为团体组织的政治补选。④

学者争论少数人群利用团体表达民意的程度。一些学者认为富人最有可能组织和利用社区团体。⑤ 此外，早期的团体组织是用来团结那些分散的民众的。⑥

其他的学者认为少数人群体利用社区团体来获得关注，也借此来接近政府并获取政府的服务。⑦ 克鲁兹和斯凯瑞认为组织资源使少数人种族和少数民族获得授权。⑧ 更明确的是，克鲁兹发现康涅狄格州的波多黎各人政治运动委员会积极地影响了哈特福德政府对波多黎各人受到的关注，此后，

---

① 例如，见罗纳德·弗格森和威廉姆·狄更斯主编的《城市问题和团体发展》（华盛顿哥伦比亚特区：布鲁金斯大学出版社，1999年）；格丹娜·拉布伦诺维克，《社区建设者：在两个城市中的社区动员故事》（费城：天普大学出版社，1996年）。

② 托马斯，《市民和城市之间》（Thomas, Between Citizen and City）。

③ 见保罗·彼得森，《城市的限制》（芝加哥：芝加哥大学出版社，1981年）；布莱恩·约翰和林恩·柏彻勒，《支撑的手：团体领导阶层和公司权力》（第二次修订版）（劳伦斯：堪萨斯州大学出版社，1993年）。

④ 例如，见麦尔斯·霍顿和保罗·弗莱雷，《我们走在路上：关于教育和社会变革的交流》（We Make The Road By Walking: Conversations on Education and Social Change）（费城：天普大学出版社，1991年）；米尔德里德·沃纳，"设立社会资本，当地政府的角色"，《社会经济杂志》30（1999）第2期，第187–192页。

⑤ 见杰弗里·贝瑞，肯特·波特尼和肯·托马斯，《城市民主党派的重生》（华盛顿哥伦比亚特区：布鲁斯金大学出版社，1993年）。

⑥ 托马斯，《市民和城市之间》（Thomas, Between Citizen and City）。

⑦ 见豪彭，《重建内城和菲舍尔：让人民自己决定》（Halpern, Rebuilding the Inner City and Fisher, Let the People Decide）。

⑧ 约瑟·克鲁兹，《同一性和权力：波多黎各人的政治和种族划分的挑战》（Jose Cruz, Identity and Power: Puerto Rican Politics and the Challenge of Ethnicity）（费城：天普大学出版社，1998年）；皮特·斯凯瑞，《墨西哥裔美国人民：少数民族的矛盾》（Peter Skerry, The Ambivalent Minority）（剑桥，MA：哈佛大学出版社，1995年）。

墨裔美国人为了公益服务利用团体组织,在圣安东尼奥市联合社区组织促使他们的利益得到表达。瑞布朗诺维克指出,社区组织致力于"为城市中贫穷和少数人群的参与政治寻找一席之地"而奋斗。①

东北部地区城市对少数人群利益的关注

在西部和南部的行政辖区研究中发现,选举政治对少数人群利益表达的影响较大。然而,他们并未完全理解少数人群获得实质性利益代表的条件,因为西部和南部采取了大相径庭的政治模式,沿袭了与中西部和东北部不同的政治传统。②

西部和南部通常使用正面的政治改革。在西部的许多城市"不断进步,改革传统观念、非党派参加选举、城市管理者和专业的公务员队伍体系"。③ 在南部,利用较大规模的选举模式和城市管理者来降低美国黑人的投票选举能力。在西部,一般来说,特别是加利福尼亚州早在19世纪就对他们的政府进行了部分革新,因为当地传统的政治已经缺乏抑制进步主义运动的能力。④ 机械式的政治、政府强有力的议会制、区域的选举和丰富且根深

---

① 援引自格丹娜·拉布伦诺维克,《社区建设者:两个城市中的社区动员故事》(*Rabrenovic, Community-Builders*)(费城:天普大学出版社,1996年),第21页。

② 当选举的官员在履行他们的成员政策选择时,就会出现实质性的代表。为了分析实质性的代表,见肯尼斯(Kenneth),"城市政治中的黑人和西班牙人",《美国政治科学回顾》(*American Political Science Review*)83(1989)第1期,第165-191页;简·曼斯布里奇(Jane Mansbridge),"黑人应该代表黑人吗?女人应该代表女人吗?一种情况是'肯定的'",《政治杂志》(*Journal of Politics*)61(1999)第3期,第628-657页;肯尼·J.维特比,《代表的色彩:国会行为和黑人成员》(*Kenny J. Whitby, The Color of Representation: Congressional Behavior and Black Constituents*)(安·艾博:美国密歇根大学出版社,1998年)。

③ 援引自鲁福斯·布朗宁,米歇尔和泰伯的"介绍:在城市政府中不同肤色的人们能获得平等的对待吗?背景和问题。"在布朗宁、马歇尔和泰伯(Rufus P. Browning, Dale R. Marshall, and David H. Tabb [eds.])著的《美国城市的种族政治》(*Racial Politics in American Cities*, [3rd ed.])(纽约:朗曼,2003年),第18页。

④ 雷蒙德(Raymond Wolfinger)和约翰·菲尔德(John O. Field),"政治思潮和城市政府结构",《美国政治科学回顾》(*The American Political Science Review* 60, No. 2, 1996: 306-326)。

仅有选举政治是不够的：少数群体利益表达与政治回应

蒂固的政治历史，影响了许多东北部和中西部的城市。在东北地区和中西地区，这一根深蒂固的政治传统使他们很难接受具有进步意义的革新。

一个地区的政治模式，特别是地方固有的结构，会表现在当地的政治上。例如在纽约、波士顿、纽黑文市、纽瓦克市、芝加哥和其他东北地区和中西地区的城市中，机械式的政治结构模式表现在政治远不同于在加利福尼亚和其他太平洋沿岸地区政府的政治模式。① 例如，主仆政治塑造了反对革新的城市，而无党派的官僚模式在革新的城市却比较盛行，本地的政策讨论在革新地区也较为流行。

缺乏政府改革的模式如何影响少数人群利益的表达？黑尔诺发现丹佛市的非革新政府产生了比普韦布洛市层次更高的少数人群的政治团体，而普韦布洛市采用的是革新政府的模式。②

布朗宁、马歇尔和泰伯的研究对政府模式的确产生了潜在的影响，但是我们并不能系统或广泛地检测这种模式所带来的影响；布朗宁、马歇尔和泰伯他们研究的 10 个城市中，主要的都是"革新的"；因此，这并不能为分析提供足够的数据。另外，值得注意的是，在采取非革新政府模式的丹佛市，包括一个强有力的市长体制——从 1983 年有多位少数人群的市长——政治利益的代表，协作和关注都比北部的加利福尼亚市（布朗尼、马歇尔和泰伯研究发现）和普韦布洛市要好得多。③ 克鲁兹还断定，在马萨诸塞州和斯普林菲尔德大规模的选举，进步性的革新会限制拉丁美裔人的政

---

① 例如，见雷蒙德（Raymond Wolfinger）"为何政治机器不曾衰落和其他修正主义者的思潮"，《政治杂志》（*Journal of Politics* 34，No. 2. 1972：365 – 398）；瑟尔德尔·J. 卢维（Theodore J. Lowi），《由市长决定：纽约市的任免权和政治 1896 – 1956》（*At the Pleasure of the Mayor*：*Patronage and Politics in New York City 1896 – 1956*）（纽约：自由出版社，1964 年）。

② 罗德尼·E. 赫尔若（Rodney E. Hero），"丹佛市、普韦布罗市和科罗拉多州的拉丁美裔人和政治：区别、解释说明和为了公平而战斗"，布朗宁、马歇尔和泰伯（Rufus P. Browning, Dale R. Marshall, and David H. Tabb [eds.]）主编的《美国城市的种族政治》（*Racial Politics in American Cities*，[3rd ed.]）（纽约：朗曼，2003 年），第十一章。

③ 罗德尼·E. 赫尔若（Rodney E. Hero），"丹佛市、普韦布罗市和科罗拉多州的拉丁美裔人和政治：区别、解释说明和为了公平而战斗"，见布朗宁、马歇尔和泰伯主编的《美国城市的种族政治》第十一章，第 256 页。

第一章
少数群体利益的代表

治参与。①

在对纽约市美国黑人和拉丁美裔人利益关注的研究中,莫伦科普夫发现布朗宁、马歇尔和泰伯的理论框架在非改革环境中缺乏适应性。② 他认为,在非革新的城市中影响少数人群利益关注的因素要比在利用好的政府革新政策的城市复杂得多。基于这些不同,他鼓励学者更进一步去了解东北地区非革新老城区影响少数人群利益关注的条件。

本书调查了在东北地区非革新老城区中影响少数人群利益关注的条件。基于不同的研究环境,我考虑的要比布朗宁、马歇尔和泰伯更为广泛。在第二章中对美国康涅狄格州的四个城市进行了比较分析研究,这四个城市形成了他们政治传统,具有非革新政府的特征和东北地区的社会经济特点。这些城市是布里奇波特、沃特伯里、斯坦福和哈特福德,他们都有较长的政治传统,较为突出地显示出非革新政府的特点。这些东北部地区城市的不同也为调查他们的选举政治、社会经济地位和非传统资源影响领导者关注美国黑人和拉丁美裔人的程度提供了条件。这些面积、规模相当的城市也为进行比较研究提供了条件。

这些城市为我在不同的条件下比较分析对美国黑人和拉丁美裔人利益的关注提供了可能。第二章阐述了这四个城市如何根据社会经济、政治和非传统因素进行划分,这些都可能影响对美国黑人和拉丁美裔人利益关注的程度。根据每个变量的范畴,这四个城市的范围包括了具有积极影响少数人群利益表达特点的城市,也包括具有消极影响美国黑人和拉丁美裔人利益特征的城市。关于公民的社会经济地位,例如,在一个城市中,大多数人拥有较多的财富;在另一个城市,大多数民众要么来自工人阶级要么

---

① 琼斯·E. 克鲁兹(Jose E. Cruz),"代表全州系统中的拉丁美裔人政治:斯普林菲尔德",《马萨诸塞州的拉丁美裔人政治:斗争,政策和前景》(Carol Hardy-Fanta and Jeffrey N. Gerson [eds.], *Latino Politics in Massachusetts: Struggles, Strategies, and Prospects*)(纽约:劳特利奇,2002),第六章。

② 约翰·默棱科夫(John Mollenkohf),"纽约:仍然是非常的异常",布朗宁、马歇尔和泰伯(Rufus P. Browning, Dale R. Marshall, and David H. Tabb [eds.])主编的《美国城市的种族政治》(*Racial Politics in American Cities*, [3rd ed.])(纽约:朗曼,2003年),第四章。

来自中产阶级；而在其他城市中，至少有18%的民众生活在贫穷线之下。

为了确保相似性，进行调查研究的城市都选自东北地区面积相差不大的城市。由于每一个城市的人口都在10万到15万之间，我也一直认为这些城市具有复杂性。这些城市要比只有2.5万人口的城市复杂得多，但同时也他们要比具有上百万人口的城市简单很多。由于以往对美国黑人和拉丁美裔人政治的大多数研究要么集中于美国最大的城市，要么就没有对城市大小进行区分，因此，来自中等大小城市的研究会促使我们了解少数人群利益的代表情况。①

当民主权利运动波及到南方的时候，政府官员对少数种族和少数民族的利益关注的问题就变成了十分重要的问题。在民主权利运动以后，许多研究少数种族和少数民族的学者开始集中于使用传统常规渠道——如选举政治、政府控制和政党竞争——作为他们获得政治利益的手段。尽管如此，关于影响少数种族和少数民族利益因素的讨论仍然在进行中。另外，美国黑人和拉丁美裔人仍坚持不懈地要求得到政府对他们的关注。正是因为这些讨论和他们的不懈努力，本书着重研究了美国政府对美国黑人和拉丁美裔人在政策上的关注问题。

我沿袭了哈迪芬达和格尔森的研究，他们集中于研究马萨诸塞州的拉丁美裔人的政治。② 在他们出版的书籍中，哈迪·芬达和杰弗瑞·N. 格尔森（Carol Hardy-Fanta and Jeffrey N. Gerson）建议学者们要开始重视拉丁美裔人的政治，因为拉丁美裔人已经成为一个较大的人群。③ 哈迪·芬达和格尔森用之前的奖学金研究证明，在一个小城市中，拉丁美裔人较大程度地

---

① 这是一般趋势的一个例外，见詹姆斯·R. 博尔斯、维博尔·C. 瑞兹（James R. Bowers and Wilbur C. Rich）主编的《管理中等大小的城市：对市长领导阶层的研究》（*Governing Middle-Sized Cities: Studies in Mayoral Leadership*）（波尔德分校：琳妮·瑞纳出版社，2000）。

② 卡尔·哈迪·芬达和杰弗瑞·N. 格尔森（Carol Hardy-Fanta and Jeffrey N. Gerson）主编的《马萨诸塞州的拉丁美裔人政治：斗争，政策和前景》（*Latino Politics in Massachusetts: Struggles, Strategies, and Prospects*）（纽约：劳特利奇，2002），介绍。

③ 在卡尔·哈迪·芬达和杰弗瑞·N. 格尔森进行研究的同时，学者们十分的注意加利福尼亚州、得克萨斯州、新墨西哥州、亚利桑那州、纽约市、新泽西州、科罗拉多州和伊利诺伊州等地区的拉丁美裔人的政治。

第一章
少数群体利益的代表

影响着政治。另外,研究者们几乎很少了解本州和本级政府中拉丁美裔人的政治。

调查研究的城市是具有可比性的,他们具有不同程度地影响关注美国黑人和拉丁美裔人利益的因素。像金、基欧汉和威尔伯所说,一个"即使在少数能够产生可比性观察报告的案例研究上,严格的比较都能够保持因果性推论。"[1]比较学的方法虽然并不能得出一个确定性的结论使政府去增加或减少对少数人群利益的关注,但能够使研究者评价不同的变量会如何影响少数人群利益的关注。它也能促使理论的构建,通过清楚完整地阐释社会经济,传统的和非传统的特征都不同程度地影响政府对少数人群利益关注的倾向。

为研究对少数人群利益的关注,我走访了四个东北地区城市的二百多个白种人、美国黑人、拉丁美裔人政治家和公民领导者。[2]在第三章,我对白人、美国黑人和拉丁美裔人领导者对美国黑人和拉丁美裔人利益的看法进行了系统的比较。这个分析可使我们深入地理解影响少数人群利益关注的因素。

第四章研究了有关美国黑人和拉丁美裔人利益的政策,特别是在教育和公共安全领域的政策。在过去,研究借助政府的约定、职业和合同作为关注的措施,但这些变量只能权衡资助的方向[3]。本书通过政策的制定来衡量对美国黑人和拉丁美裔人的关注程度。本书调查了被选出和任命的官员对美国黑人和拉丁美裔人的了解程度,包括他们的利益和发展以及为表达利益需求对政策的执行情况。这些分析数据集中在教育和公共安全政策上,

---

[1] 援引自盖里·金,罗伯特·基欧汉和西德尼·韦博(Gary King, Robert O. Keohane, and Sidney Verba)《设计社会调查:定性研究上的科学推断》(*Designing Social Inquiry: Scientific Inference in Qualitative Research*)(普林斯顿,NJ:普林斯顿大学出版社,1994年),第208页。

[2] 来自访问的问题,见附录1。

[3] 见 Eisinger "在市中心工作中黑人的工作状况"和布朗宁、马歇尔和泰伯《竞争是不够的》(*Protest Is Not Enough*)。这些代表措施的信息是来自 Peter F. Burns and Jillian B, Liese,"可选择的政治结构评估:康涅狄格州哈特福德市的社区组织",该论文于2000年5月5－6日,在康涅狄格州哈特福德市组织的新英格兰政治科学协会的年会上公开。

因为这些问题领域非常明显地影响了少数人群。教育会使所有群体提高地位和待遇，找到收入不错的工作，过上好的生活以及改变社会地位。从历史上来看，公共安全代表了多数人群和少数人群之间的一个摩擦点。①在一个具有较大比例少数人的种族和少数民族的地方，警察暴行是一个重要的问题。公共安全政策影响少数人群并影响民众与少数人种族和少数民族之间的关系。

第五章解释了非传统渠道如何使美国黑人和拉丁美裔人获得政治上的关注。特别是，本章用布里奇波特的一份研究报告来阐明美国黑人和拉丁美裔人是如何增强他们利益的关注。在本章的最后，我绘制了一个图标来阐述一定的资源是如何阐释实质性代表的。

第六章解释了为什么特定的因素影响美国黑人和拉丁美裔人关注的实质性代表。这个研究的宽泛的含义也形成了最后这个章节的基础。总之，本书的研究成果阐释了一种支持和发展城市政体和社会资本理论的方法。

---

① 参见大卫·巴罗（David E. Barlow）和西克曼·巴罗（Melissa Hickman Barlow），《多元社会中的警察：一个美国人的故事》（Police in a Multicultural Society: An American Story）（韦兰出版社，2000年）；约翰·L. 伯瑞斯和卡舍瑞恩·维特尼（John L. Burris with Catherine Whitney），《蓝对黑：让我们结束警察和少数人群之间的冲突》（Blue vs Black: Let's End the Conflict Between Cops and Minorities）（纽约：圣马丁大学出版社，1999年）。

第二章 东北地区城市的差异

在康涅狄格州,进行调查的四个城市,不仅具有传统的东北地区城市的显著特点,而且根据影响政府对少数人群利益的关注的传统和非传统因素又有所不同。只要一提到康涅狄格州的城市,许多的城市学者、政策科学家、记者和其他人都会想到纽黑文市。毕竟,在政治学中,许多重要的研究特别是城市政策,都集中于纽黑文城市政治的一个或多个方面。① 虽然纽黑文市是多数学者所重视的,但康涅狄格州却拥有6个人口在7万到14万的城市,而且都是传统的非革新的东北地区城市的代表。我研究康涅狄格州的城市而不研究纽黑文市,是因为纽黑文市的耶鲁大学和该市广阔的社会资源使其丧失了作为一般城市的代表性。另外,所研究的每一个城市都显著地突出了其各自的因素。

布里奇波特、沃特伯里、斯坦福和哈特福德的人口在10.7万到14万之间(见表格2.1)。② 在这些城市里具有选举权的人口中,美国黑人和拉丁美裔人占据了重要的比例。在哈特福德选区他们差不多占据了3/

---

① 罗伯特·达尔,《谁在管理?》(纽黑文,CT:耶鲁大学出版社,1961年);曼弗雷德·施密特,"穷国和富国的社会政治:社会经济趋势和政治制度因素",《欧洲政治研究杂志》17 (1989);尼尔森·W. 普尔斯比(Nelson W. Polsby)《社区权力和政治理论》(第二版)(*Community Power and Political Theory*)(纽黑文市,CT:耶鲁大学出版社,1980年);G. 威廉·都穆霍夫 (G. William Domhoff)《谁是真正的统治者?纽黑文市和社团权力的重新调查》(*Who Really Rules? New Haven and Community Power Reexamined*)(新布伦瑞克,NJ:学报,1978年);道格拉斯·W. 瑞鄂(Douglas W. Rae)《城市:乡村主义和城市的终结》(*City: Urbanism and its End*)(纽黑文市:耶鲁大学出版社,2003年)。

② 我于1998年开始了我所研究的领域,我使用了2000份民意调查的数据,因为这些数据是我在采访调查者时收集的数据。

3的投票权，在布里奇波特占了1/2，在沃特伯里和斯坦福占了1/3。在这些城市中，美国黑人和拉丁美裔人所占的人口比例大致相同。

布里奇波特、沃特伯里和斯坦福主要依靠传统的模式，并维持着这种政治传统。每一个组成的市政议会形式都维持传统的政治方式即采用党派选举，而只有沃特伯里市是通过地方来选举议会议员的。这些城市也都有白人统治的历史。在这些城市还都不曾选举过非白人市长，而且白人在公共领域和私人领域中一直都具有显著的地位。虽然前面所提及的是类似的情形，但这些城市在少数人群选举人口、美国黑人和拉丁美裔人的描述性代表、政党竞争、社会经济地位和少数人群的组织能力方面是不同的。① 这些不同点阐述了影响美国黑人和拉丁美裔人关注的不同因素。

表 2.1

2000年，布里奇波特、沃特伯里、斯坦福和哈特福德与康涅狄格州、美国在人口总数、达到选举年龄的人口总数和拉丁美裔人达到选举年龄人口总数的比较。

	布里奇波特	沃特伯里	斯坦福	哈特福德	康涅狄格州	美国
总人口数	139529	107271	117083	121578	3405565	281421906
美国黑人和拉丁美裔人总（%）	56	31	30	73	16	22
美国黑人比例（%）	28	14	14	37	8	11
拉丁美裔人比例（%）	28	17	16	36	8	11

---

① 具体的代表发生在当选举的官员和他们的成员都具有某一特征时，比如种族、宗教或者职业。要想了解更多关于具体代表的事，参见汉娜·F. 皮特科因（Hannah F. Pitkin）《代表的概念》(*The Concept of Representation*)（Berkeley and Los Angeles：加利福尼亚大学出版社，1967年）；艾瑞斯·莫瑞恩·扬（Iris Marion Young）《公正和差别的政治》(*Justice and the Politics of Difference*)（普林斯顿：, NJ：普林斯顿大学出版社，1990年）。

第二章
东北地区城市的差异

在研究过程中,哈特福德显示了许多政府特征的优点。① 哈特福德政府由九名议会成员组成,代表全区进行选举,其中包括法律所规定的三名少数党派的成员、城市的首席管理者和选举的市长。② 城市议会担当哈特福德政策制定者的身份。城市的管理者十分谨慎地执行政策,特别是预算事项;市政府的各个部门都向其负责并报告工作。

虽然这些改革模式也在哈特福德市得以应用,但毕竟不同于布朗宁、马歇尔和泰伯所研究的那些城市,因为代表了未改革政府的特点,坚定的维护传统的政治模式。城市采取政党选举,民主党一直都掌控城市的就业和政治。没有投票表决议会的权利的市长却领导该议会,因为他们要控制民主党的候选人。他们具有政策领导的合法权利,拥有任命公民进工会的权利,承担担任哈特福德政府官员代表本国政府的义务。以往的几任市长和城市议会的成员对哈特福德的政治都产生了很大的影响。③ 综上所述的这些特征展示出东北地区的政治传统所具有的强有力的生命力。

本章的第一部分叙述了每一个城市的经济组织和政治历史;城市是如何变化的,以及在这些城市中美国黑人、拉丁美裔人和少数人群的地位。第二部分解释了这些城市是如何因美国黑人和拉丁美裔人人口特征、政党竞争的程度、社会经济地位因素和非传统资源因素而变化的。

---

① 2002年,哈特福德市的选举投票改变了政府的市长议会形式。也同意了学校委员会新的模式的产生,学校委员会有九位成员和三位内部审计委员会的成员,来监督城市政府和学校系统的有效执行。

② 康涅狄格州立法委员会办公室,《康涅狄格州的普通法律》第三卷,第九条,第一百四十六章,967a部分。http://www.cga.state.ct.us/2001/pub/titles.htm 2001年1月访问。

③ 克里德·D. 迈克(Clyde D. Mckee),"麦克·皮特和康涅狄格州哈特福德市领导阶层",见詹姆斯·R. 博尔斯、维博尔·C. 瑞兹(James R. Bowers and Wilbur C. Rich)主编的《管理中等大小的城市:对市长领导阶层的研究》(Governing Middle-Sized Cities: Studies in Mayoral Leadership)(波尔德分校:琳妮·瑞纳出版社,2000);皮埃尔·克拉维,《进步的城市:计划和参与 1969-1984》(The Progressive City: Planning and Participation 1969-1984)(新布伦瑞克,NJ:罗格斯大学出版社,1986年)。

仅有选举政治是不够的：少数群体利益表达与政治回应

布里奇波特市

布里奇波特市的经济和财富

位于纽约北部 53 公里的布里奇波特市，是一个拥有 139529 人口的中心城市，这里的人民像其他东北地区古老的城市中的人民一样勤劳。当人们驾车行驶在 95 号州际高速公路上时，会看到烟囱林立的工厂，电力运输线和大型的工厂一个接一个。通常，布里奇波特市居民收入较少而且受到正规教育的水平也比康涅狄格州和美国的其他城市要低。在 1998 年，城市的失业率、婴儿死亡率和犯罪贫困率几乎达到国家平均数字的两倍。布里奇波特市的社会经济特征与当地的县形成鲜明的对比。因而费尔菲尔德县，也以黄金海岸著称，被评价为最富有和公民受教育程度最高的县，布里奇波特市远不如其他的市州，特别是人均收入、教育、贫穷和其他社会经济地位方面。

布里奇波特市的变化

像许多东北地区的城市一样，布里奇波特市曾是一个繁荣的工业中心，但严格地限制工业化使城市的经济开始衰退。在一战和二战期间，布里奇波特市成为民主主义者制造武器的地方，因为该城市集聚许多军工厂，如通用电气公司、雷明顿步枪生产基地、西科斯基战斗机生产厂和生产潜水艇、军用卡车和装甲的公司。[1] 然而，二战以后，布里奇波特市撤掉了 2 万个生产防御设备的岗位。

---

[1] 约瑟·克鲁兹（Jose Cruz）《同一性和权力：波多黎各人的政治和种族划分的挑战》(*Identity and Power: Puerto Rican Politics and the Challenge of Ethnicity*)（费城：天普大学出版社，1998 年）；皮特·斯凯瑞（Peter Skerry）《墨西哥裔美国人民：少数民族的矛盾》(*The Ambivalent Minority*)（剑桥，MA：哈佛大学出版社，1995 年）。

第二章
东北地区城市的差异

现在，布里奇波特市的大部分就业人员就职于三大医疗保健品制造公司、一家银行和西科斯基战斗机生产厂。在 2001 年，布里奇波特市服务业占了 44%，而贸易公司、制造业和手工工厂分别占 26% 和 11%。① 尽管所在的州和县明显地限制工业化，但布里奇波特市仍然维持着比康涅狄格州或美国要高的手工业。较小的公司都会雇佣差不多 55 人到 75 人，它们提供了大部分的工作岗位。

在过去的 10 年里，布里奇波特市的领导者积极地想要改变该城市。为此，拆除了许多公有房屋，包括一个因犯罪而臭名远扬的村庄，这代表了一个巨大的改变。布里奇波特市通过项目努力去改善自己的形象，这是一个提倡绿色和整洁的项目，这个项目至少拆除了 250 个建筑，一亿美元的电视、收音机、报纸和活动，借此来证明城市的努力和力量。其他的改变包括新的新荷兰港的棒球场和竞技场，他们建在电力公司的前面，过去是詹金斯阀门厂和斯普拉格仪表公司。这些地点曾是布里奇波特市最大的棕色地带。

许多被选举和任命的官员曾问我，如果当美国黑人和拉丁美裔人的领导者们就社团所关注的问题不能够达成一致时，官员们应当如何去了解少数人群的利益需求。如果没有这些社区组织和联合体委员会，布里奇波特市的领导者们会主张，少数人群组织内部和少数人群组织之间的分歧会使美国黑人和拉丁美裔人组织内的居民们的利益需求很难得到理解。我的研究（多数人群派的领导者们对美国黑人和拉丁美裔人利益的理解，领导者们如何理解少数人群的利益，对美国黑人和拉丁美裔人政策关注的回应）强烈建议：布里奇波特市的联合体委员会所做出的统一的意见，使布里奇波特市的领导者们充分理解少数人群的利益变得容易了很多。社区组织、社团组织和社会服务组织之间的联合对布里奇波特市领导者以往的主张程度起到了限制作用，布里奇波特市领导者以往主张他们不能够与美国黑人

---

① CERC，"市政信息"，http://www.cerc.com/detpages/resources366.html（2003 年 5 月 23 日登录）。

或拉丁美裔人所关注的问题达成一致。

布里奇波特市的政治

布里奇波特市是许多东北地区城市中心的典型代表,由民主党控制着城市的政治。民主党掌握着城市的制度资源。自1975年开始,民主党一直在城市议会中占据大多数席位,只有两年他们在城市议会中与共和党的席位相同。在1995年参选的民主党要比参选的共和党多出近2.3万选民。

詹姆斯·基·克拉克说。"民主党在布里奇波特市的选举中失败了,但共和党也没有取得胜利。"詹姆斯·基·克拉克是一位康涅狄格邮报的一名老记者。[①] 自1975年以来,共和党只有两次赢得选举当选为市长,而这主要归功于民主党的失误。例如,民主党市长约翰逊·麦丹尼克以64票之差在1981年的选举中失败,部分原因是他要求50%的加薪,而这一点市议会也赞成,另一方面原因是联邦政府审判布里奇波特市联邦政府投资计划的成员。[②] 1981年的选举活动充满了戏剧性和激烈性。在选举期间,麦丹尼克的竞争者伦纳德·波利塔,经常谈及麦丹尼克在之前的审判中通过了美国宪法修正案第五条,并摆在联邦大陪审团面前的真相。[③] 与此同时,波利塔因通过联邦调查局来壮大自己和非法收受犯罪集团的黑钱也受到麦丹尼克的攻击。1981年的竞选活动异常的激烈,一辆轿车在共和党总部的外面爆炸,两辆车在麦丹尼克的行车线路上爆炸。[④] 在一个城市中,有市长费尼尔司·泰勒·巴纳姆和最先进民族代表的拇指汤姆,那么人们还期望什么呢?

从1975年起,托马斯·布奇是唯一一个在市长竞选中失败的民主党候选人,他因上一任期里布里奇波特市出现财政困境而于1989年竞选失败。

[①] 詹姆斯·克拉克,作者的访问对象,于1998年1月8日,在布里奇波特市会面。
[②] Grimaldi,只在布里奇波特。乔·欧文,"编辑部",布里奇波特市,1979年1月6日。
[③] 西德尼·福尔松和卡罗·格洛韦斯科,"激烈的市长竞争研究的终点线",布里奇波特报,1981年11月1日。
[④] Grimaldi,只在布里奇波特。乔·欧文,"编辑部",布里奇波特市,1979年1月6日。

第二章
东北地区城市的差异

在布奇的任职期间，城市的财政赤字在 500 万到 700 万。由于财政危机，布奇建立了一个监管组织，这个组织掌管着布里奇波特市财政问题的最终决定权，用国家的钱来偿还城市的债务。由于选民反对布奇，在 1985 年到 1989 年间占有议会全部的 20 个席位的民主党，到 1989 年选举时只占有一半的席位。

1991 年 6 月，布里奇波特市政府申请破产时，该市的财政陷入了低潮。此时，布里奇波特市是在申请破产的城市中最大的一个中心城市。① 美国的破产法庭认为该申请过于草率，最终在布里奇波特市和所在州的共同努力下，使布里奇波特市走出财政的困境。

布里奇波特市政府存在腐败现象，在 20 世纪 70 年代，联邦政府进行调查，但并没有证明麦丹尼克非法使用联邦政府的拨款。② 然而，联邦调查局和其他的联邦政府却逮捕了十几个麦丹尼克任命的官员，这些人都被证明存在腐败问题。在 20 世纪 70 年代后期和 80 年代初期，联邦调查局还把布里奇波特市的政治首领作为调查的目标。当沃尔什知道联邦调查局在调查后，费尔曼他们想通过证明腐败来击败政治主管约瑟夫·沃尔什的企图失败了。在这个滑稽可笑的事件里，沃尔什因收受贿赂而逮捕了向联邦调查局的报信者，比联邦调查局以同样的罪名去逮捕他的动作还要快。③ 在最近的 2003 年 3 月，联邦陪审团宣告任期中的市长约瑟夫·甘霖犯有 16 项重罪，包括贪污受贿罪、敲诈勒索罪，特别是收受与布里奇波特市做生意的承包商的受贿。涉及该案的甘霖的同伙和公司也受到了法律的制裁，他们参与了这个长达六年之久的贪污集团。④ 2003 年 7 月甘霖被判 9 年监禁，缓

---

① 理查德·兹斯勒，"布里奇波特市失去了其号称破产的名声"，载《康涅狄格州法律论坛》，1995 年 2 月 27 日。
② 埃德蒙·马赫尼，"美国联邦调查局仍然在调查腐败问题"，载《哈特福德市报》，2003 年 3 月 24 日，A1 版。
③ Grimaldi，只在布里奇波特。乔·欧文，"编辑部"，布里奇波特市，1979 年 1 月 6 日。
④ 保罗·冯·兹勒，"康涅狄格州的战争，腐败的烙印"，载《纽约时报》，2003 年 3 月 28 日，D. 雷尼·格里马尔迪，"列车：市政府内部内部人士是如何看待贪婪和腐败的，陷害布里奇波特市的良好市民"，载《康涅狄格州杂志》，2004 年 10 月 59—60 日，第 68—71、112—113 页。关于后文和我的研究的衔接，我得益于帕特丽夏·伯恩斯。

刑3年，罚款15万美元。

政府的领导者们都喜欢一个明确的信息。根据布里奇波特市社区发展部门的一个政府职员所说，社会上的多种声音使政府的协调工作很难开展。这些官僚主义者们声称，如果社会组织统一口径、表达的利益需求一致，那么政府部门就会很容易理解少数人群的利益。例如，南部地区的社区组织会使政府很明确地认识到社区倾向于某一个重建的工程计划。布里奇波特市政府部门对这个工程进行了投资，这是因为政府明白，社区才是最完全支持这项计划的，这个计划大部分都是由他们来完成。相比之下，布里奇波特市政府部门几年前很少关注甚至不会去关注东部地区居民的要求，这是因为政府相信社区领导者们之间的分歧意味着各个区域的居民对他们最关心的问题并未达成一致。在最近的几年，布里奇波特市增加了对东部地区的关注，这是因为在东部地区这部分的领导者们通过社区团体组织和联合体委员会达成了共识，并通过社区团体组织和联合体委员会一致向政府提出他们的要求。

布里奇波特市的美国黑人和拉丁美裔人

第一次世界大战以后，意大利人、爱尔兰人、犹太人、德国人和波兰人都聚集到了布里奇波特市。到20世纪60年代末到70年代初，随着布里奇波特市工业基础的衰退，许多人都离开布里奇波特市去了其他地方，而美国黑人和拉丁美裔人却来到了这里。现在，美国黑人和拉丁美裔人，特别是波多黎各人的后裔，成为布里奇波特市最主要的少数民族。

少数人群虽然在选举中占据着重要的位置，但布里奇波特市并没有一位市长是美国黑人或拉丁美裔人。在第二次世界大战之前，布里奇波特市的人口总数中，美国黑人只占不到3%。在二战期间，来自南部的美国黑人到布里奇波特市的兵工厂工作，才使得美国黑人的人口数量增加。他们积极地参加到布里奇波特市的政治斗争中。1965年，选民首次选举一位美国黑人进入城市议会。1972年，布里奇波特市选举了首位黑人女性进入州议会。1982年，布里奇波特市的首位美国黑人市议会议长就职。1983年，首位美国黑人市长候选人以不到1000票的差距落选。① 1998年，布里奇波特市选举和任命了许多美国黑人从事重要工作，包括城市议会的多数党领袖、城市议员和教育部首长。

在布里奇波特市的拉丁美裔人中，波多黎各人占了近3/4。在20世纪40年代，布里奇波特市的工厂雇佣了许多波多黎各人以弥补战争期间的工人短缺。② 到50年代，由于工厂的招聘，布里奇波特市的波多黎各人口增加到5000人以上。③ 波多黎各人大量地移民到布里奇波特市来寻找工作，他们住在布里奇波特市的廉租房中，一家团聚，享受着丰厚的福利待遇，与美国公民享有同样的权利。

在他们的职业生活中，凯撒·贝特勒是布里奇波特市拉丁美裔人的首领，特别是波多黎各人的首领。他向布里奇波特市提出控告，包括学校应废止种族歧视，应雇佣少数民族和种族的人从事警察和消防工作。④ 他统一了各个分散的团体。1996年贝特勒死于白血病，这使布里奇波特市的拉丁美裔人没有了领袖。拉丁美裔人开始寻找自己的领袖。1998年3位拉丁美裔人成为布里奇波特市教育部的成员，1位拉丁美裔人当上镇议员。

布里奇波特市种族和民族之间的关系

在20世纪70年代到80年代，布里奇波特市的种族和民族之间的关系十分紧张。联邦法庭认为布里奇波特市的警察部门都采用区别对待的方式

---

① 赫伯特·盖勒，"布里奇波特市的黑人：克服贫穷和偏见：很多人获得了威望和取得了卓越的成绩"，载布里奇波特报，1988年2月7日，B5版。
② 艾拉·威丝曼，"未决定的，未看到的，未说出口的"，载《纽约时报杂志》，1991年4月28日。
③ 赫伯特·盖勒，"在战争之前的布里奇波特市获得中产阶级地位的移民的孩子们"，载布里奇波特报，1977年10月30日。
④ 艾拉·威丝曼，"未决定的，未看到的，未说出口的"，载《纽约时报杂志》，1991年4月28日。

仅有选举政治是不够的：少数群体利益表达与政治回应

招入警察。①

在其他的判决中，法庭要求布里奇波特市要任用更多的少数民族和种族的公民当政府职员，补偿受到雇佣歧视的受害人，要委任拉丁美裔人和美国黑人职员进入特别部门。② 在布里奇波特市有一个保护组织，专门保护少数民族官员的民主权利。这个组织曾达成了一个非官方的共识，即警察部门在招入9个人中就要有4个是美国黑人或拉丁美裔人。法庭也制订了一些特殊的规则来监管布里奇波特市的警察招入制度。

查尔斯·迪斯戴尔同时也是一位美国黑人，在1983年市长竞选中获得了民主党的提名，这也说明了80年代布里奇波特市竞选的激烈。两年前，迪斯戴尔在初选中失败以后，在普选中反对他的竞争对手是麦丹尼克市长。而麦丹尼克在普选中以不到70票的差距落选，显然他当时非常需要迪斯戴尔的支持。因果循环，麦丹尼克在1983年竞选纳税党首长的初选中又输给了迪斯戴尔，他获得了23.5%的选票。在1983年市长竞选中，波丽塔市长和麦丹尼克在意大利人和白人的选区获得了大多数的选票。③ 迪斯戴尔在主要的白人选区只获得了10%到20%的选票。④ 1983年选举过后，迪斯戴尔声称：“民主使竞选成为各个党派集团之间的一个楔子，如果把它拿走，我们本以为会取得胜利的，但却没有。”⑤

---

① 保罗·冯·兹勒，"康涅狄格州的战争，腐败的烙印"，载《纽约时报》，2003年3月28日，D·雷尼·格里马尔迪，"列车：市政府内部内部人士是如何看待贪婪和腐败的，陷害布里奇波特市的良好市民"，载《康涅狄格州杂志》，2004年10月59—60日，第68—71、112—113页。关于后文和我的研究的衔接，我得益于帕特丽夏·伯恩斯。

② Grimaldi，只在布里奇波特。乔·欧文，"编辑部"，布里奇波特市，1979年1月6日。

③ 克里德·D. 迈克（Clyde D. Mckee），"麦克·皮特和康涅狄格州哈特福德市领导阶层"，见詹姆斯·R. 博尔斯、维博尔·C. 瑞兹（James R. Bowers and Wilbur C. Rich）主编的《管理中等大小的城市：对市长领导阶层的研究》(*Governing Middle-Sized Cities: Studies in Mayoral Leadership*)（波尔德分校：琳妮·瑞纳出版社，2000）；皮埃尔·克拉维，《进步的城市：计划和参与 1969—1984》(*The Progressive City: Planning and Participation 1969—1984*)（新布伦瑞克，NJ：罗格斯大学出版社，1986年）。

④ 见肯，《南方政治》；州和国家的南方政治，《美国州政治：介绍》（纽约：诺夫出版社，1956年）；罗伯特·达尔，《谁在管理？》（纽黑文，CT：耶鲁大学出版社，1961年）；曼弗雷德·施密特，"穷国和富国的社会政治：社会经济趋势和政治制度因素"，载《欧洲政治研究杂志》17(1989)，第641—659页。

⑤ 援引自吉姆·卡拉汉的，"布里奇波特市波利塔的胜利"，载《布里奇波特市电视节目》，1983年11月11日。

第二章
东北地区城市的差异

贝特勒在法庭上的争斗也说明了布里奇波特市非拉丁裔的白人和拉丁美裔人之间微妙的关系。加之控告禁止学校种族歧视和要求增加少数民族在警察和消防的任职。贝特勒针对布里奇波特市提起诉讼是由于选民受到偏见和加强双语教育体系的要求。① 针对各项请求,法庭决定支持贝特勒。在选民受到歧视的案子中,贝特勒声称,布里奇波特市不能违反选举权利法案。② 谈到教育,法庭判决校董事会制定的禁止种族歧视的条例需要经过贝特勒的同意才能生效。总的来说,贝特勒将白人和拉丁美裔人之间的关系视为一种独有的关系,在这个关系中拉丁美裔人却置身事外。在1991年,贝特勒说,布里奇波特市拉丁美裔人唯一被允许做主的就是失业、犯罪和高辍学率。③

沃特伯里市

沃特伯里市的经济和财富

当人们从波士顿到纽约去旅游,通常都会到达两地之间的沃特伯里市,沃特伯里属于康涅狄格州,是一个拥有107271人的城市。20世纪90年代,沃特伯里市受到了去工业化的严重影响,使这个城市在财经杂志中的优质城市排名落到了300名,在1991年和1992年两年里,沃特伯里成为最差城市。④ 沃特伯里的居民要比布里奇波特和哈特福德的居民收入高,但他们比斯坦福和全国的收入要低。20世纪90年代后期,沃特伯里市的婴儿死亡率

---

① 艾拉·威丝曼,"未决定的,未看到的,未说出口的",载《纽约时报杂志》,1991年4月28日。保罗·格恩西,"城市控告选民的偏见",载《布里奇波特市电视节目》,1982年3月13日。
② 保罗·格恩西,"城市控告选民的偏见",载《布里奇波特市电视节目》,1982年3月13日。
③ 援引自艾拉·威丝曼,"未决定的,未看到的,未说出口的",载《纽约时报杂志》,1991年4月28日。保罗·格恩西,"城市控告选民的偏见",载《布里奇波特市电视节目》,1982年3月13日。
④ 这个调查衡量了城市的经济、健康、犯罪、住房、教育、财富、运输、休闲和艺术。

要超过州的婴儿死亡率,而它的犯罪率与布里奇波特市的持平。① 沃特伯里市要比布里奇波特市和哈特福德市富裕,但它却供养了比斯坦福、康涅狄格州和美国比例要高的贫穷人口。

沃特伯里市的变迁

与其他一些古老的东北地区城市类似,沃特伯里的经济在最近的几十年也发生了变化。在19世纪末20世纪初,人们将沃特伯里市视为世界的铜都。作为城市手工业发达的象征,德国纳粹在二战中将沃特伯里市作为他们的10个首要目标之一。② 在以后的三五十年里,沃特伯里市几乎失去了所有的黄铜生意和手工作坊。从事手工制造的工人在20世纪60年代占沃特伯里市劳动力的一半,而到2000年只有1/4了。黄铜工厂纷纷离开沃特伯里市,搬到能够提供先进设备和离生铁材料近的地方。沃特伯里市改变的一个象征就是,现在的黄铜制品中心坐落的位置是过去三大黄铜制造厂之一。

今天,服务业和贸易业占据了沃特伯里市60%的生意。建筑业、采矿业、金融业、保险和不动产占了17%。以往以工厂为主的沃特伯里,手工工厂只占了沃特伯里市公司的不到6%。③

在沃特伯里市和其他古老的东北地区城市里,爱尔兰和意大利的后代们前来寻找工作机会,也为了控制城市政治而相互斗争。④ 在当今的沃特伯里市,仍存在这两股力量的政治斗争。当沃特伯里市的共和党主席回想起他与共和党为取得1995年选举胜利而制定的政策时,也证实了这种说法。

---

① CERC,"市政信息",http://www.cerc.com/detpages/resources366.html(2003年5月23日登录)。
② 戴维·霍华德,"发现他们的方法:有些黑人取得了进步但有些黑人仍停滞不前",载《沃特伯里市观察者》,1998年4月23日,第12-15页。
③ CERC,"市政信息",http://www.cerc.com/detpages/resources366.html(2003年5月23日登录)。
④ 关于美国城市民族政治和政治机器的一流分析,见史蒂文·伊利,《彩虹的末端》(伯克利:加利福尼亚大学出版社,1988年)。

第二章
东北地区城市的差异

他说,当年一个意大利人要参加竞选,而当时在职的市长爱德华·"麦克"伯金,已经拉拢了大量的爱尔兰人的选票。主席认为城市的意大利人选区是一个摇摆不定的选区,可以成为共和党的潜在力量。① 他认为共和党候选人如果赢得意大利人的支持,则会有足够的机会掌控这次竞选并击败伯金。在后来的至少20年内,沃特伯里市市长选举在传统上是通常代表民主党的爱尔兰人和代表共和党的意大利人的竞争。

沃特伯里市的政治

沃特伯里市的党派竞争要比布里奇波特市更普遍。沃特伯里市的民主党和共和党一直在斗争。许多领导人都说,民主党和共和党从来没有一起坐下来共同商讨解决问题的办法,相互之间也很少互选,他们更多的是关心他们的政党系统而较少在乎他们的选民。一位社团领导者曾说,在沃特伯里市处理党派实务时要十分小心。如果领导者要解决某一问题,必须通知民主党和共和党,这样他哪个党派都不会得罪。这位领导人还把沃特伯里市的政治运动称为是流血运动。

在20世纪后半期里,伯金的家族一直控制着沃特伯里市的政治。爱德华·伯金·埃瑟在1955年的选举中赢得了4/7的选票而首次当上市长。1969年他最后一次赢得市长,在任内死去,在沃特伯里市市长中只有两位是在任职期间死亡的。1975年,小伯金在民主党派的初选中打败了他父亲的接班人,最终在市长选举中获胜。从1975年到1985年的初选和普选中,小伯金击败了至少11个对手,但在1985年他败给了共和党的约瑟夫·圣彼得罗。

违法犯罪的腐败和不当行为在沃特伯里市的政府和政治中也时有发生。例如在1987年,警察因从一个拖车承包商处非法收受3000美元贿赂而被逮捕。经过长达四年的法律诉讼,法庭最终判决前任总统无罪。1991

---

① 迈克·斯托夫,作者与他的个人会面交谈,沃特伯里市,1998年6月21日。

年伯金经过三轮竞选击败了圣彼得罗。圣彼得罗出现了腐败问题,最终因逃税和在任职市长期间腐败而被送进了监狱,这使他彻底失去了民心。① 尽管伯金的腐败问题缺乏有罪证据,但人们都知道他利用各种政治手段控制政治机器,这些手段包括破坏对手的形象、非法利用缺席者的选票和拉赞助。②

联邦调查局在 2000 年 11 月到 2001 年 7 月调查菲利普·佐丹奴市长时发现这位市长利用他与一个妓女的关系猥亵两名儿童。在对佐丹奴性骚扰案的审判中,他还承认接受礼物,包括美国橄榄球超级大赛的门票、名牌西装和一个沃特伯里市做生意的承包商给的上千美元的现金。③ 2003 年 6 月 14 日,联邦法官判决任职内的市长佐丹奴因猥亵监禁 37 年。佐丹奴提起了上诉,认为在州法院类似的案例中被告是被判无罪的。

2001 年 7 月 26 日,佐丹奴被逮捕并入狱。他拒绝辞去公职。因此,佐丹奴和沃特伯里市议会参议员达成协议,到 2001 年 12 月 31 日佐丹奴任职届满之前,保留他市长的头衔,并给他全部的福利和一半的薪水。这个协议使议会剥夺了佐丹奴之前的权利,委托给代理市长,这个代理市长的薪水也只有市长薪水的一半。据沃特伯里市的代理市长说,佐丹奴的"市长权利仅限于对他在监狱中的朋友称自己是市长"。④

除了日益增加的党派竞争外,受挫的民主党派总想改变沃特伯里市的政治现状。在 20 世纪 80 年代中期,民主党的成员开始分裂成至少两个派系——伯金派系和加汉派系。托马斯·加汉,曾经协助过小伯金市长的一位运动领导者,是城市民主委员会的前任主席,就是他指控伯金收受之前提

---

① 美联社的国家和当地的电台,"出狱后,前任市长要回到政治中",2003 年 1 月 6 日。
② 沃特伯里市共和党人,"伯金的机器:佐丹奴的梦想",载《沃特伯里市共和党人》,1995 年 11 月 5 日,A1 版。斯蒂芬妮·莱茨,"为了伯金少尉队友,资助的工作:沃特伯里的工资单上的朋友们,捐赠者,兄弟",载《沃特伯里市共和党人》,1995 年 10 月 30 日,A1、A6 版。
③ 美联社,"佐丹奴贪污问题出现:证据涉及到从性虐待到市政府的腐败",载《康涅狄格州报》,2003 年 3 月 22 日。
④ 凯斯勒·马斯特桑,"交易使市长进了监狱,使他不能再回到市政府",美联社和当地电台,2001 年 8 月 28 日。

到的 3000 美元的贿赂。这次指控以后，在民主党内忠于伯金的势力形成了一个派系，加汉的追随者发展了另一个派系。伯金派系的成员如果要想在市长选举中获得民主党派的选票，必须要先克服加汉的阻碍，加汉派系也如此。这些派系之间的斗争有利于共和党，他们更容易获得选票赢得选举并控制沃特伯里市政府。

社区、团体和社会服务组织发挥了重要作用，他会增加领导者代表这些群体利益的可能性。为了增加政府对他们的关注和注意，社区组织成为政府的拥护者和政治积极分子。城市居民会通过与市政府沟通的方式来使政治领导者关注他们的利益。团体组织也会通过这种方式使他们的利益需求更明显并且会促使民众响应。他们联系政府和团体，但也经常会出现相互之间缺乏了解的情况。

政治领导者经常会寻求社区组织的帮助，因为在这个决策非常困难的环境中，他们的组织较容易做出决定。例如，在巴尔的摩，选举办公室会寻求社区组织的帮助来避免困难的政治决策。政治领导者寻求社区组织的帮助形成了政府和团体之间的互惠关系。这种互惠关系更进一步增强了政治领导者和团体领导者的联系。

沃特伯里市的美国黑人和拉丁美裔人

在第一次世界大战以前，爱尔兰人和意大利人几乎控制了所有的城市工业。到 1920 年美国黑人只占沃特伯里市人口的 1%。[1] 在一战期间和战后，美国黑人由于南部农业的机械化来到沃特伯里市和其他北部城市，美国"劳动力短缺和移民法律的改变拉近了欧洲间的人口流动"也促使美国黑人的迁移。[2] 在第二次世界大战期间，工业招聘从牙买加和佛得角海角带来了大量黑人。到 20 世纪 60 年代后，美国黑人移民到沃特伯里市的

---

[1] 约翰·默里，"斗争：黑人们在努力与几个世纪的压迫作斗争"，载《沃特伯里观察报》，1998 年 4 月 23 日。
[2] 约翰·默里，"斗争：黑人们在努力与几个世纪的压迫作斗争"，载《沃特伯里观察报》，1998 年 4 月 23 日。

速度才慢了下来,1970 年后美国黑人差不多占沃特伯里市人口的 12% 到 14%。

拉丁美裔人移民到沃特伯里市标志着少数人群开始向一些中等工业城市迁移。拉丁美裔人,特别是波多黎各人,他们在 20 世纪 40 年代因波多黎各人口拥挤而来到沃特伯里市,他们想找到黄铜制造、烟草业或乳品业的工作。① 在二战期间,来自沃特伯里市和康涅狄格州的工厂招聘者来到波多黎各雇佣廉价的劳动力以弥补空缺,因为意大利工人和爱尔兰工人都去参加战争了。

沃特伯里市政府一直都排斥拉丁美裔人。在 20 世纪 80 年代,市政府不顾拉丁美裔人的利益,拉丁美裔人也开始感到自己被忽略。例如,在 1988 年,圣彼得罗市长没能够参加一个会议,在这个会议上拉丁美裔人可以向城市领导者表达自己的想法。② 然而,到 20 世纪 90 年代中期,沃特伯里市不断激烈的政党竞争将拉丁美裔人拉进了城市政治中。拉丁美裔人特别是波多黎各人,他们一直都忠于沃特伯里市的民主党。而沃特伯里市的共和党要求他们转而支持共和党并且要在这次竞选中击败民主党。1998 年,议会和教育系统中的拉丁美裔人是共和党员,还有一个波多黎各后裔当过上一届的共和党主席。"党派竞争使人们进入了这个进程中,"罗德里格兹说,他自己就是沃特伯里市议会的议员。③ 波多黎各人通过城市的共和党进入政党竞争与其他许多城市通过政党竞争来排斥拉丁美裔人形成了对比。④ 虽然共和党通过许诺代表拉丁美裔人的利益来赢得他们的选票,但沃特伯里市

---

① 格尼·韦阁,"西班牙裔缺乏领导阶层,政治影响到权力的改变",载《沃特伯里市共和党人》,1980 年 8 月 6 日,第 1、18 版;露丝·格拉瑟,《轻音乐:康涅狄格州的波多黎各人》(米德尔顿,CT:康涅狄格州人文研究委员会,1997 年)。

② 简·琳娜,"在市政府市长不会像西班牙人一样发泄一通",载《沃特伯里市共和党人》,1988 年 8 月 30 日。

③ 埃德温·罗德里格斯,作者与其会面谈话,在沃特伯里市,1998 年 7 月 1 日。

④ 见米歇尔·约翰,《两个国家之间:在纽约市拉丁美裔人的政治困境》(伊萨卡 NY:康奈尔大学出版社,1995 年);罗德尼·黑尔,《拉丁美裔人和美国人的政治体系:二元主义论》(费城:天普大学出版社,1992 年);詹姆斯·詹宁斯,"两个城市中波多黎各人的政治:纽约和波士顿",见詹姆斯·詹宁斯和莫顿·里维拉等,《美国城市中的波多黎各人的政治》(韦斯特波特,CT:格林伍德出版社,1984 年)。

的议会仍只根据纯数字体现他们的利益。①

沃特伯里市少数民族和少数种族之间的关系

在 20 世纪 90 年代之前，沃特伯里市的种族和民族之间的关系像布里奇波特市一样十分紧张。美国黑人和拉丁美裔人的领导者都抱怨在市政府的职务、重要的城市官员和议会成员都缺少少数人群的代表。在 20 世纪 80 年代初期，法庭认为，沃特伯里市的公职人员考试限制了少数人群被录取的数量。② 诉讼的结果是，城市同意建立一项制度，在任命一个白人的同时必须要任命一个少数人群的人。这种对任职歧视的抱怨一直持续到 90 年代，在 90 年代末，沃特伯里市用了 18 个月的时间，"花费了 100 多万美元来解决关于雇佣和其他方面的歧视问题"③。

拉丁美裔人还对沃特伯里市双语教育体系表示不满。在 20 世纪 90 年代，拉丁美裔人认为沃特伯里市不遵守联邦政府的命令，因为沃特伯里市并未对双语教育体系投入足够的资金。在 1996 年，联邦人权组织认为沃特伯里市的双语教育体系不符合联邦政府的要求。沃特伯里市的一位领导解释说，"教育部门在处理双语教育项目的问题上已经采取了保守的态度，这涉及到安置员工的成本并且他们也尽可能使说西班牙语的孩子接受主导语言的教育"。拉丁美裔人不同意沃特伯里市政府的保守做法，相反他们认为政府应当加强双语教育，因为他们认为语言是他们民族的根基。④

---

① 关于一场有关种族投票和具体代表的讨论，见雷蒙德·沃菲戈，"种族选举的发展和持续"，载《美国政治科学回顾》59 (1965)，第 869－908 页。
② 约翰·默里，"西班牙裔：沃特伯里市的种族社区的快速成长"，载《沃特伯里观察报》，1996 年 4 月，第 4－7、20－21 版。
③ 援引自戴维·霍华德，"发现他们的方法：有些黑人取得了进步但有些黑人仍停滞不前"，载《沃特伯里市观察者》，1998 年 4 月 23 日。
④ 克里德·D. 迈克 (Clyde D. Mckee)，"麦克·皮特和康涅狄格州哈特福德市领导阶层"，詹姆斯·R. 博尔斯、维博尔·C. 瑞兹 (James R. Bowers and Wilbur C. Rich) 主编的《管理中等大小的城市：对市长领导阶层的研究》(Governing Middle-Sized Cities: Studies in Mayoral Leadership)（波尔德分校：琳妮·瑞纳出版社，2000；皮埃尔·克拉维，《进步的城市：计划和参与 1969－1984》(The Progressive City: Planning and Participation 1969－1984)（新布伦瑞克，NJ：罗格斯大学出版社，1986 年）。

仅有选举政治是不够的：少数群体利益表达与政治回应

最近，有人想要改变沃特伯里市城市议会议员的选举方式，这表明美国黑人和拉丁美裔人已经开始感觉到他们在这座城市里受到了排斥。沃特伯里市的15个城市议会议员一般都是选举的。根据州法律规定，在沃特伯里市，不管选举结果如何，少数党至少必须占有6个席位。沃特伯里市议会中一个党一次只能最高拥有9个席位。从1995年到1997年章程改革委员会拒绝了关于城市议会成员选举的3项改革建议。根据观察者的了解，城市领导者没有同意这个运动，是因为他们将改变城市选举的方法视为是少数民族的问题。

在1998年，当社区团体领导者关注选举方式的改革时，这个改革也受到了很多人的注意。支持改革的人认为，代表全区的选举会导致城市议会代表的不公。随着时间的飘移，聚集在美国黑人和拉丁美裔人的社区组织认为，他们经常得不到城市议会足够的关注。例如，在1999年，没有一个沃特伯里市政府议员住在"像沃尔什、布鲁克、纽培克社区一样的城市中心"[①]。相反，城市议会过多地代表了其他区域，特别是几乎没有少数人群人口的较富裕的社区。1999年的整个城市议会只关注了城市的3个区域。

章程改革的反对者担心，如果法律不能够保证少数党在沃特伯里市城市议会的代表，那么一个党会控制制度资源。一个共和党议员，他反对竞选改革，他说："你本来可以有15个民主党派的议员，而现在，一个党最多不能超过9个议员并且需要有10个议员才能通过讨论。那么你就需要至少一个其他党派的人同意，这就更需要平衡。"[②] 根据其他反对竞选改革的人所说，如果选民是通过地区选为议会成员，那么他们就不会关注全市的问题。

---

① 见米歇尔·约翰，《两个国家之间：在纽约市拉丁美裔人的政治困境》（伊萨卡·N.Y：康奈尔大学出版社，1995年）；罗德尼·黑尔，《拉丁美裔人和美国人的政治体系：二元主义论》（费城：天普大学出版社，1992年）；詹姆斯·詹宁斯，"两个城市中波多黎各人的政治：纽约和波士顿"，见詹姆斯·詹宁斯和莫顿·里维拉等，《美国城市中的波多黎各人的政治》（韦斯特波特，CT：格林伍德出版社，1984年）。

② 格尼·韦阁，"西班牙裔缺乏领导阶层，政治影响到权力的改变"，载《沃特伯里市共和党人》，1980年8月6日，第20版；露丝·格拉瑟，《轻音乐：康涅狄格州的波多黎各人》（米德尔顿，CT：康涅狄格州人文研究委员会，1997年）。

第二章
东北地区城市的差异

在 1998 年，充满分歧的章程改革委员会举行了一个关于由各个地区选举议会成员问题的无关联公投。一年后，这个无关联的公投，在 32 个选举点以 2∶1 的较小差距通过，支持竞选的革新。后来，章程改革委员会又举行了一次公投，决定是否可以建立一个选举体系，这个体系是这样的：从地区选举 10 个议员，从全区选举 5 个议员。

城市两个主要的党派都十分明显地想要使公投失败，而社区组织和美国黑人却希望它成功。民主党和共和党的主席都公开批判这个措施，共和党甚至花 2000 美元雇佣一个组织去反对选举改革。[①] 这些组织中有一个通过广播警告大家，即使章程改革委员会没有进行行政区域的划分，白人和少数人群组织也应当为了选举的目的而联合起来。[②]

在 2000 年 11 月，官方改革沃特伯里市选举方式的公投以 11113 票比 10642 票失败。[③] 在任的城市议会议员不居住在该地区的选民，包括大多数的美国黑人和拉丁美裔人却强烈支持选举的改革。[④] 相反，在任的城市议会议员所居住的地区的选民都反对这个措施，因为白人们都会搬到这些区域。

全国有色人种协进会沃特伯里市分会的主席认为，分区选举的反对者采用恐吓的策略破坏了公投。[⑤] 他说，他们利用广告反对选举的改革，"使

---

① 克里德·D. 迈克（Clyde D. Mckee），"麦克·皮特和康涅狄格州哈特福德市领导阶层"，詹姆斯·R. 博尔斯、维博尔·C. 瑞兹（James R. Bowers and Wilbur C. Rich）主编的《管理中等大小的城市：对市长领导阶层的研究》（*Governing Middle-Sized Cities: Studies in Mayoral Leadership*）（波尔德分校：琳妮·瑞纳出版社，2000；皮埃尔·克拉维，《进步的城市：计划和参与 1969 – 1984》（*The Progressive City: Planning and Participation 1969 – 1984*）（新布伦瑞克，NJ：罗格斯大学出版社，1986 年）。

② 见卡罗·思温，《黑人的脸，黑人的利益：美国黑人在议会中的代表》（剑桥，MA：哈佛大学出版社，1993 年）；大卫·卢步林，《代表的悖论：国会中的种族操纵和少数人群的利益》（普林斯顿，NJ：普林斯顿大学出版社，1997 年）。

③ 理查德·兹斯勒，"布里奇波特市失去了其号称破产的名声"，载《康涅狄格州法律论坛》，1995 年 2 月 27 日。

④ 埃德蒙·马赫尼，"美国联邦调查局仍然在调查腐败问题"，载《哈特福德市报》，2003 年 3 月 24 日，A1 版。

⑤ 汉娜·F. 皮特科因（Hannah F. Pitkin），《代表的概念》（*The Concept of Representation*）(Berkeley and Los Angeles：加利福尼亚大学出版社，1967 年)；艾瑞斯·莫瑞恩·扬（Iris Marion Young），《公正和差别的政治》（*Justice and the Politics of Difference*）（普林斯顿，NJ：普林斯顿大学出版社，1990 年）。

社区认为在分区选举的模式下他们的社区会被破坏,少数民族区域会与白人社区连在一块形成一个选区"①。根据全国有色人种协进会主席说,"反对者所利用的种族迫害的确使许多人产生恐惧。但不幸的是,这种环境模式在这个城市也有。"②

这个选举故事说明了沃特伯里市有关种族和民族政治的一些问题。首先,政府不关心少数民族的利益问题,而只关心白人领导者和组织的利益。其次,公投的反对者将种族和民族问题作为计策并实施。最后,选举改革的失败说明了沃特伯里市民主党和共和党的强大,这也使沃特伯里市的少数人群一直会感觉到政府在排斥他们。

斯坦福市

斯坦福市的经济和财富

根据大多数数据指标看出,斯坦福这个拥有 117083 人口,坐落于纽约市北部近 35 英里的城市十分繁荣。在 1994 年财经杂志中,斯坦福在美国最适合居住的城市排名中排第六名。斯坦福市有许多受过良好教育而且富有

---

① 见麦克·琼斯,"在南部乡村里黑人的任职和政党的发展"(Black Officeholding and Political Development in the Rural South),载《黑人政治经济回顾》6 (1976),第 75 - 407 页;艾伯特·卡瑞宁和苏珊·威尔齐,《黑人代表和城市政治》(Black Representation and Urban Policy)(芝加哥大学出版社,1980 年);皮特·K·艾辛格,"市区中黑人的工作状况:黑人政治权力的影响",载《美国人的政治科学回顾》76 (1982),第 380 - 392 页;琳达·威廉姆斯,"20 世纪 80 年代黑人的政治进步:选举舞台";迈克尔·普勒斯顿,雷纳尔·亨德森,保罗·普利尔主编,《新黑人政治:政治权力的研究 2》(纽约:朗曼,1987 年);凯伦·考夫曼,《城市选举者:组织争斗和美国城市的市长选举行为》(安·艾博:密歇根大学出版社,2004 年)。

② 见米歇尔·约翰,《两个国家之间:在纽约市拉丁美裔人的政治困境》(伊萨卡 NY:康奈尔大学出版社,1995 年);罗德尼·黑尔,《拉丁美裔人和美国人的政治体系:二元主义论》(费城:天普大学出版社,1992 年);詹姆斯·詹宁斯,"两个城市中波多黎各人的政治:纽约和波士顿",见詹姆斯·詹宁斯和莫顿·里维拉主编,《美国城市中的波多黎各人的政治》(韦斯特波特,CT:格林伍德出版社,1984 年)。

第二章
东北地区城市的差异

的人,他们都是为了斯坦福市的公司和住宅资源而移民来的。斯坦福的人均收入、中等家庭收入和拥有大学学历和技能的人口比率都远远地超过了州和国家的平均值。

斯坦福的中心城市和郊区都具有代表性特点。斯坦福市有7000多家公司,包括100家大公司。2003年斯坦福成为全国第三大500强公司总部聚集地城市。当人们开车行驶在95号州际高速公路上时,他们会看到高楼林立的公司总部大楼和给人留下深刻印象的航空运输中心,一座康涅狄格大学分校和874000平方英尺斯坦福城市购物中心,在这个购物中心里有萨克斯第五大道百货商场、菲林服装和梅西百货,这里也称作是斯坦福的中心地区。1990年接近3.5万斯坦福居民在该城市工作,有8661人在纽约市工作。①然而,斯坦福繁荣的公司也吸引了来自纽约的8536人来斯坦福工作。②晚上,许多人都会去斯坦福中心地区的电影员、餐馆、画廊、酒吧和其他具有吸引力的场所,与我们所调查的其他城市不同,这里有充满生机的夜生活。

斯坦福市有与美国许多城市一样的共同特点。它也有犯罪、工厂倒闭和斯坦福南部村庄的贫民区。③在斯坦福南部的村庄和海边,这里建造了许多居民屋,在20世纪90年代发生了显著的改变。住房和城市发展部拨款2640万美元给斯坦福,拆除在这里四座高楼中的三座来建370个住宅单位。④国家将海边地区规划为经济开发区,在这里建了22个手工技术公司,

---

① 格尼·韦阁,"西班牙裔缺乏领导阶层,政治影响到权力的改变",载《沃特伯里市共和党人》,1980年8月6日,第1、18版;露丝·格拉瑟,《轻音乐:康涅狄格州的波多黎各人》(米德尔顿,CT:康涅狄格州人文研究委员会,1997年)。

② 保罗·冯·兹勒,"康涅狄格州的战争,腐败的烙印",载《纽约时报》,2003年3月28日;D·雷尼·格里马尔迪,"列车:市政府内部人士是如何看待贪婪和腐败的,陷害布里奇波特市的良好市民",载《康涅狄格州杂志》,2004年10月,第63-65页。

③ 保罗·冯·兹勒,"康涅狄格州的战争,腐败的烙印",载《纽约时报》,2003年3月28日;D·雷尼·格里马尔迪,"列车:市政府内部人士是如何看待贪婪和腐败的,陷害布里奇波特市的良好市民",载《康涅狄格州杂志》,2004年10月,第118-120页。

④ 沃特伯里市共和党人,"伯金的机器:佐丹奴的梦想",载《沃特伯里市共和党人》,1995年11月5日,A1版。斯蒂芬妮·莱茨,"为了伯金少尉队友,资助的工作:沃特伯里的工资单上的朋友们,捐赠者,兄弟",载《沃特伯里市共和党人》,1995年10月30日,A1、A6版。

仅有选举政治是不够的:少数群体利益表达与政治回应

并对这些公司给予课税津贴。①

在市区范围内,斯坦福拥有一个富有的郊区。1990 年,斯坦福北部地区的中产阶级的收入是 133797 美元,一个中等的家庭成本要超过 420000 美元。② 城市的区域划分禁止了斯坦福部分地区多户住房的发展,在这里房屋都是木制的,还有许多大的房间、池塘、湖泊、河流和几座工厂。③ 这个社区与斯坦福其他的城市核心有很大的不同,以至于当人们知道这属于统一政府管辖时都会大吃一惊。

斯坦福市的政治

在 1945 年以前,斯坦福的法规将城市分为两个行政辖区,它们通过不同的方式管理。中心城市采用首长制的政府模式,而城镇采用传统的新英格兰的镇民大会制度。在 20 世纪 30 年代,很多人批评斯坦福政府两分制的原因有二。首先,他们认为首长制的政府模式中市长的权力太大。第二,"因某些功能而分割城镇和城市是一种过时的和低效率的城市管理方式。"④ 在 1946 年,州立法机构的宪章调查委员会建议斯坦福采取统一的政府管理模式。它形成了一个强有力的首长制政府模式,并拥有 40 个城市议会议员(20 个地区每一个地区 2 个)。委员会赞成分区制和设立多个城市议员席位,使斯坦福的占有优势的民主党不能控制主要在农村地区的共和制。选民们都同意这个新的政府形式,自 1949 年 4 月 15 日开始生效。在斯坦福,这个首长制的政府模式现在仍然沿用。

各个部门的首长由市长任命,对城市政府的行为负责,并且向财政委

---

① 康涅狄格州立法委员会办公室,《康涅狄格州的普通法律》第三卷,第九条,第一百四十六章。
② 伊利诺·卡洛斯,"你是否正在考虑要不要住进斯坦福市南部地区,一个非常繁华的城市,一个农村小镇",载《纽约时报》,1998 年 2 月 1 日,第一章。
③ 伊利诺·卡洛斯,"你是否正在考虑要不要住进斯坦福市南部地区,一个非常繁华的城市,一个农村小镇",载《纽约时报》,1998 年 2 月 1 日,第一章。
④ 援引自康涅狄格州图书馆,"主页",www. cslib. org(1988 年 6 月登录)。

员会、城市议会和规划委员会提交预算。① 作为斯坦福的立法机关，城市议会通过决议和条例，并批准和认可城市的财政资金的使用。城市议会的议员和市长都是四年一届，斯坦福对任届不实行任何的限制。

斯坦福市的变迁

斯坦福随着时间发生了明显的变化。从19世纪初期到20世纪50年代中期，斯坦福是许多工业的发源地，其中包括电业公司、斯坦福轧钢厂和必能宝公司等等。② 评论者将斯坦福称作"锁城"，因为有耶鲁汤尼公司，这个公司被称为世界最大的挂锁生产商，引领着城市的经济。

第二次世界大战以后，斯坦福发生了两次重大的变化。首先，因为高额的赋税、劳动者激烈的矛盾、过高的生产成本和工业用地的缺乏使许多手工厂，包括耶鲁汤尼公司，在20世纪50年代离开了斯坦福。③ 第二，从1940年到1960年，斯坦福的人口增加了50%多，斯坦福这个时期的领导者面临这一个危机，因为工作机会的减少导致了人口的实质性增加。

斯坦福有进步思想的领导者将耶鲁汤尼公司的离开看作是城市需要改革的信号。城市通过进行一个具有进步意义的农村改革计划来吸引工厂，为居民提供安全的行车道，改善公众的工作环境，建设新的街道，发展更多的公园。④ 在60年代早期，根据城市政府协会的报道，"最终结果将会是一项伟大的举措，斯坦福市和它的纳税人将会从税收中获益，从全体公众的改善中获益，从建设一个美丽繁荣的商业中心中获益"⑤。

最后，城市的领导者认为斯坦福的农村革新项目会产生巨大的利益。

---

① 斯坦福市，"斯坦福政府概述"。
② 伊特尔·冯思特和乔伊斯·彭德瑞，《斯坦福：一部诠释的历史》（五兰冈，CA：温莎出版社有限公司，1984年）。
③ 伊特尔·冯思特和乔伊斯·彭德瑞，《斯坦福：一部诠释的历史》（五兰冈，CA：温莎出版社有限公司，1984年）。
④ 乡村发展委员会，《进展报告》，斯坦福：1982年；斯坦福政府联盟，《斯坦福市有关乡村革新的因素》，斯坦福：1962年5月。
⑤ 援引自斯坦福政府联盟，"关于乡村革新的因素"。

斯坦福吸引了一些大的公司，如万豪酒店、世界摔跤联盟、冠军国际公司和胜家缝纫机公司，另外还有"一些小公司和财政服务机构如银行、经纪行、广告代理公司、律师事务所、软件公司和保险公司"①。到2003年，美国通用投资公司，必能宝公司，伊卡璐、施乐公司，国际纸业公司，加特纳集团，欧米茄机械，卡伯利饮料公司，美国顺康，通用再保险公司，阿波罗软件，迪阿吉奥蒸馏器公司都在斯坦福设立了总部。

从95号州际高速公路来看也能使人们想起过去斯坦福的工业。电力线、烟囱和工厂透过高速公路注视着美丽而又现代的高楼大厦，这都覆盖了现代的斯坦福。总的来说，斯坦福的农村的革新，至少用了30年花费了4亿美元，重新安置了1100个家庭和400个公司。②斯坦福市还建了一些经济适用房，原因是在一场诉讼中原告要求提供足够的住房，而且第一个农村重建的计划中作出了承诺。

农村革新显著地改变了斯坦福的人口和物理特征。从1970年开始，斯坦福手工厂的劳动力减少了近一半，技术和管理岗位却稳步增加，在当时超过了州和国家的平均值。美国黑人、拉丁美裔人和外籍人口也显著增加，部分原因是因为斯坦福提供了吸引人的工作和住房机会。另外，农村革新项目打破了城市的贫民窟，并为当地居民发展了本地区的购物中心。③

斯坦福的美国黑人和拉丁美裔人

来自南部的，特别是卡罗莱纳州的美国黑人向北迁移来到斯坦福，在金属丝工厂、铸造车间和工厂工作。在20世纪60年代和80年代期间，出现了第二次迁移，大量的来自南部和拉丁美洲的人涌入斯坦福，使美国黑人的人口数量从8%涨到15%。像他们的前辈一样，这些移民来斯坦福也是因为城市的工作和住宅资源。

---

① 援引自冯思特和彭德瑞的《斯坦福》。
② 同上。
③ 乡村发展委员会，《年度报告》，斯坦福：1973—1974年。

第二章
东北地区城市的差异

在斯坦福，美国黑人享有相当强劲的政治地位。城市议会有很大比例的美国黑人代表，美国黑人占了城市议会的18%和选民的14%。另外，有两位美国黑人进了教育委员会，还有一位进了斯坦福财政部。斯坦福在1945年选任了第一位美国黑人警察，1965年选任第一位美国黑人消防员，1969年选任第一位美国黑人主管，1979年选任第一位黑人警长，1981年选任第一位黑人学校负责人。

斯坦福的拉丁美裔人是来自不同地方的。[①] 有波多黎各人、古巴人、哥伦比亚人，他们都是斯坦福的首批移民。他们在20世纪60年代来到斯坦福是为了工作或寻找政治庇护。最近，来自美国中部和南部的拉丁美裔人移民到斯坦福，是因为工厂和专业技术岗位的工作机会以及要求政治庇护。在2000年，波多黎各人占斯坦福拉丁美裔人的16%，墨西哥人占7%，古巴人占将近2%。除了波多黎各人，墨西哥人和古巴人以外的来自美国南部和中部的人占了斯坦福拉丁美裔人的3/4。许多斯坦福的领导者，包括所有的种族和民族，认为斯坦福有大批的非法移民，这些移民主要是来自美国中南部，是来斯坦福和其附近的城镇从事手工制造的。

拉丁美裔人在斯坦福没有政治代表。拉丁美裔人较多的选区都不会选拉丁美裔人进城市议会的，并且所有种族和民族的人都发现，在斯坦福选拉丁美裔人做领导者是非常困难的。不像波多黎各人那样，他们在民主政府的环境下成长，他们是斯坦福拉丁美裔人的重要成员，并获得他们的政治社会化，在他们所在的城镇不鼓励去参政。在这样的成长背景下，拉丁美裔人在斯坦福不参政并不奇怪，唯一能参加选举的就是波多黎各人。

斯坦福市种族和民族之间的关系

斯坦福经济适用房使用人口使美国黑人领导者明白了，少数人群在斯坦福并没有前途。许多能够付得起高额租金的人取代了那些住在南部村庄

---

① 波多黎各人在布里奇波特市占拉丁美裔人的72%，在沃特伯里市占拉丁美裔人的78%，在哈特福德市占拉丁美裔人的80%。相比之下，在斯坦福，波多黎各人仅占拉丁美裔人的160%。

的低收入的黑人。斯坦福的领导人声称经济决定了城市经济适用房的位置。根据一个官员所说，传统的经济适用房已经不可能建在斯坦福了，因为斯坦福的地太贵了。

斯坦福的美国黑人领导者也抱怨缺少市级的照顾。他们认为城市的领导者不能让黑人来从事重要的政府岗位。在1998年，黑人占城市委员会委员的13.9%，美国黑人和拉丁美裔人至少占斯坦福人口的27.5%。① 另外，所有的市长的内阁和部门首长都是白人。斯坦福的政党通常都是推荐任职，市长表示这些政党不让他去任命黑人。反过来，政党说他们很难找到黑人的支持者。美国黑人领导者坚信大多数的黑人都愿意成为支持者。他们认为这个理由是适当的，但是错误地解释了斯坦福市为什么缺少黑人的参加。根据斯坦福有色人种民权促进委员会主席了解，城市的提名和任命"整个过程都是敌对的，存在有无数的小障碍，因此人们并不会感觉到自己受到邀请。"②

斯坦福关于民族和种族关系的这些例子主要涉及美国黑人。拉丁美裔人所遇到的问题不会是政治最前沿的问题。当拉丁美裔人向城市议会提交一个议案时，一个优秀的官员想起了在他漫长的公务员职业生涯中的一件事。在这件事中，拉丁美裔人，特别是南美人，询问市内的足球场是否可以使用。询问结果是城市提供了更多的球场。斯坦福的拉丁美裔人面对的一个主要问题不是集中在政治和城市的领导人蒙特塞拉特圣母堂。布里奇波特的大主教组织教会建筑的发展。尽管城市领导者缺乏对这个问题的管理权，但他们都支持教会建筑的发展。

---

① 苏珊·依兰，"很少有少数人群的居民进入城市委员会：审查发现人数并不符合一般的居民比例"，《星期日倡导者》，1998年5月17日，A1－A8版。

② 苏珊·依兰，"很少有少数人群的居民进入城市委员会：审查发现人数并不符合一般的居民比例"，《星期日倡导者》，1998年5月17日，A8版。

第二章
东北地区城市的差异

哈特福德市

哈特福德的经济和财富[①]

哈特福德市是康涅狄格州的首府,拥有121578人口,也与许多古老的东北部工业城市类似。像许多城市一样,哈特福德市资源并不充足。贫穷、失业、犯罪和普通教育的缺乏困扰着哈特福德市的居民。超过1/3的居民都要接受哈特福德市政府的资助。城市的贫穷率是所在州平均数的4倍多,失业率是州平均值的2倍多。[②] 另外,城市从1988年到1996年失去了36850个工作岗位,1/3以上的资产是免税的。[③] 仅在20世纪90年代,哈特福德人口减少了近13%。哈特福德的犯罪率是州的犯罪率的2倍。根据2000年的人口调查,哈特福德市只有12.4%的居民有大学本科以上学历,而在整个州有31.4%的居民已经取得学士学位。

许多来自城市较富裕郊区的市民都在市里工作。政府机关、哈特福德医院和三个保险公司是哈特福德市4个最好的工作单位。[④] 哈特福德市的公司有几乎3/4是服务和贸易公司。虽然它之前以保险投资公司著称,但金融、保险和房地产占了只有哈特福德公司的10%。

[①] 这里的一大部分都是来自皮特·伯恩斯,"在康涅狄格州的哈特福德市,政府内部管理体制和公共政策",载《城市轶事杂志》24 (2002) 第1期,第55-73页。

[②] CERC,"城市信息";康涅狄格州地区发展委员会,"地区:地区的因素,联系和新闻",www.growthcouncil.com;政务议事厅,《采用专项基金预算,1998—1999》,哈特福德城市委员会:哈特福德市:1998年。

[③] 乡村发展委员会,《进展报告》,斯坦福:1982年;斯坦福政府联盟,《斯坦福市有关乡村革新的因素》,斯坦福:1962年5月。

[④] 这部分的统计数据是来自于CERC,"市政信息"。

仅有选举政治是不够的：少数群体利益表达与政治回应

哈特福德的变迁

保险公司在20世纪90年代对城市产生了很大的影响。如众所周知的彼谢普斯，他是哈特福德保险公司的首席执行官，控制着生产资产，开出城市大多数的保险单。这些公司的领导为20世纪50年代初60年代末哈特福德的农村革新做出了努力。①在70年代末和80年代初，所谓的总教主约翰·福乐，是美国安泰人寿保险和意外伤害保险有限公司的董事长，他利用他公司的资源开发了低收入人群和中等价格的房屋，建了哈特福德市民中心，并投资成立了哈特福德捕鲸人曲棍球队。②

在20世纪80年代中期以后发展被打断，因为许多哈特福德的保险公司被其他公司收购，去了纽约市。米歇尔·彼得斯市长，汤姆·里特尔（曾任康涅狄格州众议院的发言人，是哈特福德市的居民），和其他人都认为，哈特福德市保险公司被其他州和城市的公司兼并意味着公司的领导不会再留在本市，也不会再一如既往地制定当地的计划。③ 1994年在福乐去世前6个月，他叹息到，高级的公司主管们对社区没有足够的兴趣。他认为，公司的领导人"应该成为文明组织的一部分，号召各个阶层的人一起努力制定开明的计划和好的示范工程"④。工厂领导人的减少使大量的资金和人力资源离开了哈特福德市。

虽然哈特福德市的经济衰退了，但仍有公司继续投资。6个主要的保险公司（哈特福德、安泰、信诺、旅行家、麻省人寿和菲尼克斯）维持着哈特福德的重要经济，提供了主要的工作岗位。⑤

---

① 乡村发展委员会，《进展报告》，斯坦福：1982年；斯坦福政府联盟，《斯坦福市有关乡村革新的因素》，斯坦福：1962年5月。
② 戴安娜·雷维克，《哈特福德报》，1994年9月19日，A1版。
③ 迈克尔·彼得，作者对其访问交谈，在2000年10月7日的哈特福德市；托马斯·瑞特，作者对其访问交谈，在2000年7月27日的哈特福德市。
④ 援引自雷维克，《约翰福勒之死》。
⑤ 康涅狄格州地区发展委员会，"地区：地区的因素，联系和新闻"；政务议事厅，《采用专项基金预算：1998—1999》。

第二章
东北地区城市的差异

许多私人老板为哈特福德市的资金和人力资源做了非常重大的贡献。罗伯特·芬德勒，是菲尼克斯的首席执行官，为农村经济的发展做出了重要贡献。埃文·杜伯利，时任哈特福德市三一学院的校长，努力促成建设了学习走廊，有1.1亿个公私合伙人，包括蒙特梭利学校、中学、科学学院、数学学院、技术学院和哈特福德艺术学院。

哈特福德市的政治

哈特福德市一直都是由民主党控制。约翰·贝莉控制着哈特福德市的政治长达30年。[①] 从1961年到1968年，约翰·贝利作为民主委员会的主席，他一直影响着本市的政治。在贝利的任职期间，尼古拉斯·卡伯利用他在城市议会的领导地位控制城市的制度资源和城市政治。[②] 哈特福德市政府的议会领导模式，弱化了市长的权力，如果他们同意，议会制定普通的政策，副市长制定特殊的政策。农村革新工程在20世纪70年代因教会和政治领域的良好合作而兴起。从80年代到今天，很多行动者包括前任市长彼得斯，对城市政治采取了临时控制。哈特福德市唯一不变的是民主党实质上控制着政治领域，也控制着城市的工作。

哈特福德市至少有50年都存在管理不善的问题。例如在教育方面的管理不善，新英格兰联合学校和公共中等教育学院委员会撤销了哈特福德市公共高等教育认证；教育部门付不起他们办公室的租金；至少一所中学纸和笔这些必需品的需要得不到满足；学校董事会抱怨城市议会许诺拨款170万美元但他们却没有做到；裙带关系问题和在5年时间里雇佣了4个主管。[③]

许多人都抱怨，哈特福德市的政府模式导致了领导的低效、管理低能

[①] 约瑟夫·雷伯曼，《权力经纪人：现代政治之父，约翰·贝里的传记》（纽约：米富林集团，1966年）。
[②] 戴安娜·雷维克，《哈特福德报》，1994年9月19日。
[③] 见莉莎·康奈尔，"降职的财政首长自我保护；她离开的时候说：控告炫耀的高层官员"，载《哈特福德报》，1998年10月29日，B1版；瑞克·格林，"学生们处在纠纷之间；市政府，学校董事会未达成170万美元协议"，载《哈特福德市报》，1997年3月21日，A1版。

仅有选举政治是不够的：少数群体利益表达与政治回应

和政府部分公务员的责任心缺乏。① 当问道"在哈特福德市是由谁来制定政策"时，城市的白人领导者们、美国黑人和拉丁美裔人政党领导者们和民间组织领导者们都笑着说，像哈特福德市这样的分散的政治体系，根本没有人来负责制定政策。

许多被选举和任命的官员曾问我，如果当美国黑人和拉丁美裔人的领导者们就社团所关注的问题不能够达成一致时，官员们应当如何去了解少数人群的利益需求。如果没有这些社区组织和联合体委员会，布里奇波特市的领导者们会主张，少数人群组织内部和少数人群组织之间的分歧会使美国黑人和拉丁美裔人组织的居民们的利益需求很难得到理解。我的研究（多数人群派的领导者们对美国黑人和拉丁美裔人利益的理解，领导者们如何理解少数人群的利益，对美国黑人和拉丁美裔人政策关注的回应）强烈建议在布里奇波特市的联合体委员会所做出的统一的意见使布里奇波特市的领导者们充分理解少数人群的利益变得容易了很多。社区组织、社团组织和社会服务组织之间的联合对布里奇波特市领导者以往的主张程度不同地起到了限制的作用，布里奇波特市领导者以往主张他们不能够与美国黑人或拉丁美裔人所关注的问题达成一致。

哈特福德市的美国黑人和拉丁美裔人

随着时间的推移，美国黑人和拉丁美裔人在哈特福德市的政治选举中也取得了一些成功。如在1981年市长选举中，哈特福德市的选民们选举瑟曼·米纳尔，他是第一位新英格兰著名的美国黑人市长。② 在最近20年，民主党对城市议会的提名中包括两名美国黑人、两名拉丁美裔人和两名白人候选人。在2000年，美国黑人占了哈特福德市城市议会席位的近50%，

---

① 见麦基，"康涅狄格州的哈特福德市的麦克·皮特和领导阶层的遗迹"；罗布·顾瑞特，"哈特福德市的无政府领导"，载《管理：本地杂志》，2000年9月，第75—78页。

② 莉莎·康奈科，"降职的财政首长自我保护：她离开的时候说：控告炫耀的高层官员"，载《哈特福德报》，1998年10月29日，B1版；瑞克·格林，"学生们处在纠纷之间：市政府，学校董事会未达成170万美元协议"，载《哈特福德市报》，1997年3月21日，A2版。

第二章
东北地区城市的差异

他们在城市议会中还占有重要的领导职位和管理岗位。哈特福德市在 1980 年选出了第一位拉丁美裔人进入城市议会，8 年后，选举了玛莉亚·桑切斯为州立法议员。2000 年，拉丁美裔人占据哈特福德市城市议会 20% 的席位，有一位拉丁美裔人当选为副市长。在后来的几年，哈特福德市选举了第一位拉丁美裔人市长埃迪·裴瑞兹。

哈特福德市波多黎各人的政治历史上还有其他重要事件，1991 年 3 个拉丁美裔人被选举入议会，1992 年拉丁美裔人当选为民主党主席，康涅狄格州波多黎各人政治行动委员会的建立，使哈特福德的波多黎各人在 80 年代中到 90 年代初的选举变得容易。① 许多领导人和专家都不赞同康涅狄格州波多黎各人政治行动委员会解散的原因。他们认为主要的原因是因为领导的不足，有分歧，缺乏与美国黑人的联合。

哈特福德市种族和民族的关系

种族和民族的隔离导致了哈特福德市不稳定的政治局面。种族和民族这种关系的一个例子可以说明，如美国黑人被学校董事会任命，拉丁美裔人就不会是学校的主管。当 2/3 的学校董事会支持来自霍博肯和新泽西的波多黎各拉丁美裔人候选人时，哈特福德美国黑人大联盟就会做出抗议声明并有 200 人聚集到议会支持美国黑人候选人。② 在会上，"由于来自社团运动者的压力，大部分董事成员会改变主意，选举帕特丽夏·丹尼尔，她是个美国黑人，是罗德岛州东普罗维登斯学校的主管"③。另外，这种微妙的关系还存在于少数人群和哈特福德警察部门之间。尽管这 4 个城市在非革新政治模式和一般区域都大致相似，但由于它们的特点对当地黑人的影响也就各不相同。

---

① 康涅狄格州地区发展委员会，"地区：地区的因素，联系和新闻"；政务议事厅，《采用专项基金预算：1998—1999》。
② 约瑟夫·雷伯曼，《权力经纪人：现代政治之父，约翰·贝里的传记》（纽约：米富林集团，1966 年）。
③ 援引自朱迪斯·雷曼，"芝加哥学校重建和州接管哈特福德学校系统"，哈特福德，CT：康涅狄格州的普通集会，立法研究办公室，1998 年 9 月 25 日。

仅有选举政治是不够的：少数群体利益表达与政治回应

四个城市的差异

达到选举年龄的黑人选举者规模

根据2000年的人口调查，美国黑人和拉丁美裔人总共占了哈特福德市选民的75%、布里奇波特市的56%、沃特伯里市的31%、斯坦福的30%（见表2.1）。[①] 每个城市都有比州和国家比例较高的少数人群。在2000年，在哈特福德市达到选举年龄选民中美国黑人占37%、布里奇波特市占28%、沃特伯里市占14%、斯坦福占14%。18岁以上的拉丁美裔人在哈特福德市占37%、布里奇波特占28%、沃特伯里占17%、斯坦福占16%（见表格2.1）。

城市议会中美国黑人和拉丁美裔人的代表

美国黑人和拉丁美裔人在布里奇波特市和哈特福德市的城市议会中占有较大比例的席位。美国黑人在哈特福德城市议会中占了44%，布里奇波特市城市议会占20%，斯坦福城市议会有18%是美国黑人，沃特伯里市城市议会黑人占13%（见表格2.2）。拉丁美裔人在布里奇波特市和哈特福德市的城市议会中占了接近1/4的席位，但在沃特伯里市和斯坦福市占了不到10%。

[①] 康涅狄格州并不会根据种族来划分选民，因此达到选举年龄的选民在选举中会代表少数人群选民的。

第二章
东北地区城市的差异

表 2.2

美国黑人和拉丁美裔人在布里奇波特市、沃特伯里市、哈特福德市和斯坦福市城市议会成员比例的比较。

	布里奇波特市	沃特伯里市	斯坦福市	哈特福德市
城市议会中黑人的比例（%）	40	20	21	66
城市议会中美国黑人的比例（%）	20	13	18	44
城市议会中拉丁美裔人的比例（%）	20	7	3	22

政党竞争

布里奇波特市和哈特福德市是一党政治，而沃特伯里市和斯坦福市存在政党竞争。在前两个城市中，民主党占了登记的大部分选民（见图2.1）。在布里奇波特市和哈特福德市，选民以压倒性的优势为民主党领导候选人投票。民主党也一直获得大多数的城市议会席位并控制市长的选举。

对于沃特伯里市的大部分历史，民主党也控制着政治。在1853年到2001期间，沃特伯里市的选民共选举了42为民主党派的市长，而直选举了16位共和党市长。①然而现在，沃特伯里市的两个党派正在角逐政治力量。例如，在20世纪80年代到90年代，12年里，共和党控制了市长和城市议会长达8年之久。康涅狄格州前任州长约翰·罗兰就是沃特伯里市的共和党。一位前城市议会成员的共和党人加里·弗兰克斯在国会中任职三届。

斯坦福市是调查的城市中政党竞争最激励的城市，城市中共有42068名登记的共和党和民主党人，登记的民主党比登记的共和党人多6200人（见图2.1）。举一个斯坦福市党派竞争的例子，从1960年开始，民主党

---

① 克雷，"沃特伯里市共和党人为进步之星祝贺"，载《沃特伯里共和党》，1995年11月8日，第一部分。

在市长选举中都是以微小的差距取得胜利。在市政选举中，赞成民主党的平均值从1960年开始下降了50%（见表格2.3）。民主党和共和党也经常会轮流执政。

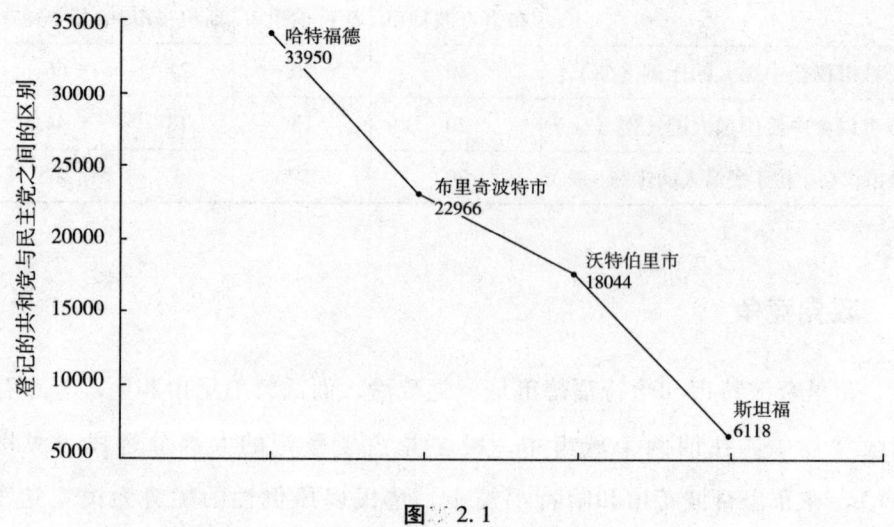

图 2.1

1995年，布里奇波特市、沃特伯里市、哈特福德市和斯坦福市登记的民主党与共和党人数的差别。

注：登记的民主党与共和党的不同是指，1995年各个城市登记的共和党的人数减去登记的民主党的人数。

表 2.3

布里奇波特市、沃特伯里市、哈特福德市和斯坦福市的政党竞争

	布里奇波特市	沃特伯里市	斯坦福市	哈特福德市
1960年—1996年支持民主党市长候选人的平均值（%）	59	55	49	74

市民社会经济地位的因素

布里奇波特市、沃特伯里市和哈特福德市拥有很大比例的白人工人阶级。布里奇波特市的白人手工工人人数比例要比康涅狄格州的比例高，这

第二章
东北地区城市的差异

些白人在城市收入很低。布里奇波特市白人从事专业技术和管理岗位的人数比例要低于康涅狄格州和其他三个调查的城市（见表2.4）。在哈特福德市情况也相似，白人的人均收入要比其他三个城市、康涅狄格州和全国要低。

沃特伯里市有大规模的白人工人阶层。沃特伯里市在手工工厂工作的白人比例要高于康涅狄格州和其他三个城市。沃特伯里市白人的年收入要比康涅狄格州和斯坦福的白人收入少。沃特伯里市白人从事专业技术岗位和管理岗位的范围要比斯坦福，哈特福德或州的少。（见表2.4）

表 2.4

2000 年，布里奇波特市、沃特伯里市、哈特福德市、斯坦福市和康涅狄格州的财富、教育、白人职业的比较。

	布里奇波特市	沃特伯里市	斯坦福市	哈特福德市	康涅狄格州
人均收入	$ 19328	$ 20408	$ 40925	$ 18527	$ 31503
大学以上学历（%）	15	15	44	22	34
从事手工业（%）	16	19	10	12	15
从事手工业和管理岗位（%）	25	28	47	32	41

许多中产阶级和上等阶层的白人住在斯坦福市。差不多有一半的斯坦福的白人从事专业技术和管理岗位，白人的人均收入是康涅狄格州和国家人均收入的两倍。这里的白人获得大学学历的人也要比康涅狄格州和全国的人数比例高（见表2.4）。

许多具有较高社会政治地位的居民住在斯坦福市，在这里等级要比其他三个城市和康涅狄格州（收入较高的州）高，也要比美国其他社会经济繁荣的城市要高。相比之下，布里奇波特市和哈特福德市居民人均收入较低（各16306美元和13428美元），较高的失业潜在危险，贫穷和符合减免饭费的学生人数都威胁着这些城市（见表2.5）。哈特福德市一直是在达到社会经济健康和繁荣标准的最底部。对于社会经济稳定性的许多措施，沃

仅有选举政治是不够的：少数群体利益表达与政治回应

特伯里市完成的要比布里奇波特市和哈特福德市早，但落后于康涅狄格州、美国和斯坦福市。

表 2.5

2000 年，布里奇波特市、沃特伯里市、哈特福德市、斯坦福市、康涅狄格州和美国的财富、教育、白人职业的比较。

	布里奇波特市	沃特伯里市	斯坦福市	哈特福德市	康涅狄格州	美国
人均收入	$16,306	$17,701	$34,987	$13,428	$28,766	$21,587
中等家庭收入	$39,571	$42,300	$69,337	$27,051	$65,521	$50,046
25年内拥有大学以上学历的人口（%）	12.2	13.9	39.6	12.4	31.4	24.4
市民失业人口（%）	10.5	8.6	4.3	15.9	5.3	5.8
从事手工业人口（%）	16.8	25.1	9.9	11.5	14.8	14.1
从事专业技术和管理岗位及相关工作的人数（%）	21.8	21	42	21.6	39.1	33.6
贫困线以下的人（%）	18.4	16	7.9	30.6	7.9	12.4
符合减/免饭费的学生（%）	84	61	32	65	24	NA

第二章
东北地区城市的差异

美国黑人和拉丁美裔人

布里奇波特市的团体组织在较大程度上代表了美国黑人和拉丁美裔人。① 布里奇波特市的美国黑人和拉丁美裔人积极参加社团组织并形成了一个网。沃特伯里市社会服务组织使美国黑人和拉丁美裔人获得了好处。但少数民族和种族缺乏像布里奇波特市那样的组织性。哈特福德市有一个丰富的社团组织的历史。② 然而,许多组织仅仅直接代表少数人群的利益。在斯坦福,美国黑人掌握着组织,而拉丁美裔人却没有。

在布里奇波特市,美国黑人控制着重要的组织资源。布里奇波特社团发展会是一个致力于改进当地贫穷状况的社会服务团体,有色人种协进会包含两个重要的资源,它在布里奇波特市代表美国黑人的利益。布里奇波特市的东区部分支持有活力的社团,它在城市能够代表美国黑人的利益。

虽然在每个城市中拉丁美裔人控制着比美国黑人多的资源,但在布里奇波特市控制着数量最多的组织。在布里奇波特市,拉丁美裔人发展会帮助拉丁美裔人和遇到问题的其他人。阿斯比拉以年轻的拉丁美裔人领导者的发展为目标。滥用化学药品服务机构管理着第一家康涅狄格州的西班牙语的酒精和药物治疗中心。③

社区团体在布里奇波特市把拉丁美裔人组织起来。在布里奇波特市的社区团体早在20世纪60年代就已经存在,但是它们在90年代才繁荣起来。

---

① 组织是我所调查研究的主要的资源。然而,我却没有采取精确的措施来调查组织资源,对各个种族和民族的领导者们的访问使我可以对每一个少数人群是否能够维持他们的组织资源做出评估。我是首先是通过测试有多少社区组织代表少数人群社区来衡量组织能力的。其次,我考察社团组织和协助少数人群的社会服务组织的数量。第三,我计算出了美国黑人和拉丁美裔人组成的以信仰为基础的团体的数量。最后,我询问了所有的领导者们关于这些组织的效率和这些组织一起代表美国黑人和拉丁美裔人的程度。

② 这里的一大部分都是来自皮特·伯恩斯,"在康涅狄格州的哈特福德市,政府内部管理体制和公共政策",载《城市轶事杂志》24 (2002) 第1期。

③ 援引自艾拉·威丝曼,"未决定的,未看到的,未说出口的",载《纽约时报杂志》,1991年4月28日。保罗·格恩西,"城市控告选民的偏见",载《布里奇波特市电视节目》,1982年3月13日。

仅有选举政治是不够的：少数群体利益表达与政治回应

西部社团发展公司和西部社团委员会代表着拉丁美裔人社团组织并将拉丁美裔人所关心的问题传达给在布里奇波特市的领导人。

美国黑人和拉丁美裔人社区组织也积极地参加布里奇波特市的团体委员会——布里奇波特市社团组织的网点。团体委员会的月会不仅会邀请美国黑人和拉丁美裔人参加，而且还会交流和分享与其他社团的资料。团体委员会还会组织讨论社区最关心的问题。之前的讨论题目包括了安全、疫病和教育。这些领域的专家和相关城市组织的成员会参加他们的讨论并获得资料，向社团组织提供一些建议。

美国黑人和拉丁美裔人领导的社会服务组织在沃特伯里市起了非常重要的作用。沃特伯里新机遇公司雇佣了344名全职和兼职工人，提供了2500万美元税收资源，并积极参加黑人社团。① 虽然沃特伯里市的拉丁美裔人缺乏美国黑人的组织能力，但它拥有两个重要的社会资源。在30多年里，西班牙行动委员会专门从事工作培训，关注健康、家庭计划、戒毒，对西班牙语群体帮助，双语培训和职业训练。② 在沃特伯里市主要的拉丁美裔人社团，社会服务机构从新机遇公司获得投资，并在1994年到1995年财政年度共帮助4800多人。③ 拉·卡萨·本耐尼达支持年老的拉丁美裔人，拉丁美裔人艺术组织发展了拉丁艺术技巧。④

在沃特伯里市也有正式的社团组织并有一段较长的历史。东部社团俱

---

① 米歇尔·约翰，《两个国家之间：在纽约市拉丁美裔人的政治困境》（伊萨卡，NY：康奈尔大学出版社，1995年）；罗德尼·黑尔，《拉丁美裔人和美国人的政治体系：二元主义论》（费城：天普大学出版社，1992年）；詹姆斯·詹宁斯，"两个城市中波多黎各人的政治：纽约和波士顿"，见詹姆斯·詹宁斯和莫顿·里维拉主编的《美国城市中的波多黎各人的政治》（韦斯特波特，CT：格林伍德出版社，1984年）。

② 埃德蒙·马赫尼，"美国联邦调查局仍然在调查腐败问题"，载《哈特福德市报》，2003年3月24日。

③ Clyde D. Mckee，"麦克·皮特和康涅狄格州哈特福德市领导阶层"，见詹姆斯·R. 博尔斯、维博尔·C. 瑞兹主编的《管理中等大小的城市：对市长领导阶层的研究》（*Governing Middle-Sized Cities：Studies in Mayoral Leadership*）（波尔德分校：琳妮·瑞纳出版社，2000）；皮埃尔·克拉维，《进步的城市：计划和参与1969 – 1984》（*The Progressive City：Planning and Participation 1969 – 1984*）（新布伦瑞克，NJ：罗格斯大学出版社，1986年）。

④ 卡瑞宁和韦尔奇，《黑人代表和城市政治》（*Black Representation and Urban Policy*）（芝加哥大学出版社，1980年）；皮特·K. 艾辛格，"市区中黑人的工作状况：黑人政治权力的影响"。

第二章
东北地区城市的差异

乐部在美国大萧条时成立,到现在仍然有。

黑人参加沃特伯里市的社团组织要比布里奇波特市的人数少,在布里奇波特市黑人可以得到较大程度的代表,人人都可以很容易地参加美国黑人和拉丁美裔人的社团组织、当选民间领袖。相反,在沃特伯里市就很难看到少数民族和少数种族团体与民间领袖。一位沃特伯里社团领袖抱怨说,"没有社团组织可以包容拉丁美裔人"。

美国黑人和拉丁美裔人都没有融入到沃特伯里市的社区组织网中。社区组织是一种特殊的政治现象,富裕的白人控制着他们,是成员的大多数,但仍然实质性地代表着美国黑人和拉丁美裔人。例如,这些社区组织说服州的政府环境保护部门和市长办公室停止在黑人居住较多的社区附近建设沥青工厂,还帮助他们在居住黑人较多的地方建造土壤处理厂。

斯坦福市不像布里奇波特市、沃特伯里市那样,虽然没有社区或团体俱乐部,但城市的上等阶层和中等阶层居民活跃在政治舞台上,特别是当有问题对他们产生影响时。例如,上百的父母举行会议关注斯坦福重划学区计划。① 由于"孩子受到影响的家长们的强烈抗议",城市改变了重划学区的计划。② 居民们还帮助组织反对胜腾集团,胜腾集团是一个消费者服务公司,计划要让斯坦福市的居民搬迁。③ 出于对居民的保护,城市规划委员会拒绝了胜腾集团的提议。

在斯坦福,有许多美国黑人的宗教、政治和社会服务组织存在着。美国黑人教堂和他们的牧师通过牧师联盟携手合作。美国黑人民间领导者、政治领导者和教堂教主也一起组成了一个领导委员会,专门关注美国黑人团体组织之间的问题。其他的社团和政治组织对斯坦福市的美国黑人也起到了作用。它们包括三个社区中心、美国有色人种协进会斯坦

---

① 托宾·科尔曼,"重新划分选区计划的通过",载《斯坦福的拥护者》,1998年5月12日,A部分;约翰,"重新划分选区计划的谴责",载《斯坦福拥护者》,1998年3月27日,A部分。
② 援引自约翰·克里斯多弗森,"学校的计划尚未改变",载《斯坦福拥护者》,1998年4月11日,A部分。
③ 布莱恩,"斯坦福在经过一段休整时间后又像市中心一样变得繁华",载《华尔街杂志》,1998年6月1日,B9版。

仅有选举政治是不够的：少数群体利益表达与政治回应

福分会、人权组织和反贫穷组织，它们都专注于培训和雇佣黑人。另外，菲尔费尔德县的西南联盟的总部设在斯坦福市，并为促进平等而组织政治和社会运动。

在斯坦福市，拉丁美裔人缺乏能够促进他们受到关注的组织和社团。在私人公司中，拉丁美裔人的领导者被称为城市政治领导人和民间领袖。城市的领导人很难去给拉丁美裔人组织取名。我也仅仅知道一个拉丁美裔人的社会服务组织。

在哈特福德市，社团组织在一定程度上主要代表了居住在一定社区的黑人。因为哈特福德市的17个社区界限都十分的明确，社区代表着自己本社区、即使很多美国黑人社区也仍然是有条不紊的社区。如蓝山社区、庇护山社区、红土社区和北部社区都有大量的美国黑人居民，都维持着强有力的社团组织和社会服务组织。

在哈特福德市并不存在一个社会群体功能网。不同民族和种族的政治领导者和民间领袖认为，哈特福德市的社区只促进较小范围的社会关注，且一般在城市范围内并不考虑美国黑人和拉丁美裔人的利益。根据哈特福德市的许多领导者所说，这些组织仅仅代表住在本社区的美国黑人和拉丁美裔人的利益。例如，哈特福德地区集会，是来自城市南部的居民组成的原本大部分是白人的社区，到1995年，已有60%是拉丁美裔人了，但现在该社团仍继续代表着本社区所有人的利益。了解哈特福德地区集会的人们说，这个组织并非是特别关注这里的拉丁美裔人，而是为支持哈特福德市南部的居民服务的，在南部有很大比例的拉丁美裔人居民。

哈特福德市有很多拉丁美裔人组织。波多黎各组织，是一个社会服务中介，专门设法改进住房的质量、托儿所、经济发展、公共安全和教育。[①] 美国拉丁美洲裔总商会试图提高拉丁美裔人的社会经济地位。[②] 西班牙健康

---

① 卡瑞宁和韦尔奇，《黑人代表和城市政治》（*Black Representation and Urban Policy*）（芝加哥大学出版社，1980年）；皮特·K·艾辛格，"市区中黑人的工作状况：黑人政治权力的影响"。
② 西班牙裔美国人商事联合会，http://www.samact.org（n.d）。

第二章
东北地区城市的差异

委员会忙于拉丁美裔人的健康状况和其他哈特福德地区低收入人群的健康状况。① 社会服务中介致力于哈特福德市的少数民族和少数种族,为本市的美国黑人和拉丁美裔人提供服务,但哈特福德市所有的种族和民族的领导者都认为,这个组织并不能提高少数人群在城市范围内的关注程度。

哈特福德市除了3个社会团体以外,其他的14个都有社区邻近地区委员会。相信所有的利益相关者都应该参加他们社区的经济发展计划,州立法会制订了社区邻近地区法,授予给他们自己社区的规划权。② 这部法律为进行合作的各种行动者提供了一个方法并且影响了社区的发展。执行社区邻近地区法的城市必须批准地区的建制。这部法律还在布里奇波特市、沃特伯里市和斯坦福市的各个社区里得到执行。

哈特福德市社区组织之间的缺乏合作给市政府、城市的公司和民间领袖带来了很大麻烦,一些领导者共同制定了哈特福德2000,它是与城市社区邻近地区法律相结合的。哈特福德2000的目的包括培养较大的社团并使社区邻近区之间更易于进行合作。③ 因而一些社区邻近区会在当地的公司看到一些额外的东西,使社区变得繁荣起来,哈特福德2000尚未找到哈特福德市的黑人社区一起共同促进美国黑人和拉丁美裔人利益表达的融合点。④

从历史来看,哈特福德市的社区团体参加选举过程,在程度上要比其他城市的团体组织要大。哈特福德地区联合会赞同政治候选人和社团组织的成员,哈特福德地区联合会还在城市议会和州立法会中获得了席位。⑤

总的来说,这四个东北部地区的城市既十分相似又存在差别,为研究

---

① 三一学院,"西班牙卫生组织"。http://trincoll.edu/depts/intern.org_99/hispanic_health_council_99.htm (n.d)。
② 康涅狄格州普通集会,http://www.cga.state.ct.us/ps99/sum/htm/1999sum0035.htm (n.d)
③ 哈特福德市经济发展委员会,"社区组织"。Http://www.hartfordecodev.com/neighborhoods.htm (n.d.)。
④ 《哈特福德报》,"编辑:三根蜡烛,一千个梦想",载《哈特福德报》,1999年4月12日,A8版。
⑤ 西蒙斯,《困难时期的组织》;哈特福德地区团结在一起,《人们的历史:哈特福德地区团结在一起的故事》(哈特福德,CT:1995年)。

政府对黑人利益的反应提供了具有比较性的研究条件。他们都坐落于同一个州,这些城市的大小相似,虽然在有的城市采取了较大的政治改革但仍保持较强的政治传统。尽管有这么多相似之处,但在政治、社会经济和非传统特征方面存在一定的差异。布里奇波特市和哈特福德市是一党专政的城市,并有许多穷人。美国黑人和拉丁美裔人虽然在布里奇波特市掌握着更多的社团组织资源,但美国黑人和拉丁美裔人在哈特福德市的选举成员和在城市议会中所占的比例是最多的。在沃特伯里市存在不断竞争的政党和许多白人工人阶级,美国黑人和拉丁美裔人控制着大部分非传统的渠道但他们在适龄的选举成员和城市议会中所占的比例却很小。在斯坦福,政党之间竞争激烈,在斯坦福这个富裕的城市里拉丁美裔人拥有很少的组织资源。这些城市之间的区别使调查每一个特征是如何影响对美国黑人和拉丁美裔人利益的关注成为可能。

第三章 对美国黑人和拉丁美裔人政策偏好的认知

在典型的民主主义国家，被选举出来的官员必须明白他们国家宪法所涉及的内容。白人及少数民族的领导者赞同给予美国黑人和拉丁美裔人极大的关怀，这种赞同的程度和市领导如何逐步认识到种族和少数民族的权益将会为政府如何对待美国黑人和拉丁美裔人提供很好的洞察力。他们还指出美利坚共和国在这种形式下的政府存在的传统特点，换句话说，少数民族选民的多少和市委员会中少数民族人数所占的比例都将会提高少数民族的权益的意识。

认知的测量

通过每个城市当地报纸的大规模调查，我可以知道每个城市那些优秀的白种、非裔美洲和拉丁美洲领导人的名字。他们包括市长、市委员会委员及掌控着强大媒体指向的社会服务组织和商业集团的领导们。那么，我采访了这些人，还有当地报纸的记者，要求受访者提供其他领导者的名字。第一次采访每个团体只有三到四个成员，而在此后，我采访的人都至少有两个人曾跟我提到过他的名字。因为许多领导者都倾向提供政治行动者的名字，比如那些被选举和指定的官员，我也会询问那些非选举的领导者的名字，这些人对某一特定团体拥有相当丰富的知识，但是他们的成就却都是在政治圈外的。领导者也会提供一些优秀的地方教堂、社团性质的组织

仅有选举政治是不够的：少数群体利益表达与政治回应

和兄弟组织的领导者的姓名。这些拥有地位和声誉的领导者的集合将会对当地治理的了解提供资源。

在每一次采访中，白人领导者说出了他们的感受，只有这个观点是涉及美国黑人及拉丁美裔人的，而他们各自的领导人却认为只有这个观点对自己才是最有利的。我把这个开放式问题的答案编写到广泛的范畴里，并创建了一个索引去测量白人领导者的感觉，于其中汇集了非籍美国领导者的程度和汇集了拉丁美洲领导者的程度。① 在每个城市，我都总结出了双方领导人第一反应最多的观点。这个指数的分子是在这个城市白人领导者作为第一反应给予美国黑人或拉丁美裔人以最多的关注的次数。分母是白人、美国黑人和拉丁美洲领导人同意最大关注这一观点的总次数。结果表现的是白人和非裔美国领导人及白人和拉丁美洲领导人同意给予美国黑人及拉丁美裔人最大关怀的程度。计算每个城市白人领导者对美国黑人和拉丁美裔人的权益的认识水平得出 8 个相似分数。

举一个例子能助于划分这个统计形式。在布里奇波特，我会见了 16 个白人领导者和 11 个非裔美国领导人，白人和美国黑人指数的分母是 11——这也是白人领导者和非裔美国领导人同意给美国黑人最大关怀的最高次数。在布里奇波特，白人领导者和非裔美国领导人能持相同观点给予美国黑人最大关怀的次数只有 9。那么用 9 除以 11，在布里奇波特对于白人领导者和美国黑人这个式子得出一个 82% 的相似分数。这个分数意味着，在布里奇波特有 82% 的白人领导者和非裔美国领导人同意给美国黑人最大程度的关怀这一观点。

基于标准统计学方式，在此不得不提出一些问题。首先，卡方检查被用于计算白人领导者和非裔美国领导人（或者拉丁美洲领导人）对给予美国黑人（或者拉丁美裔人）最大程度的关怀这一观点的感受是否存在差异。卡方检查指出，白人领导者和非裔美国领导人的观点具有统计相关。② 他计量了是

---

① 见附录 1：访问的问题和附录 2：问题分类。
② 理查德·吉娜，《统计学：一项极具观赏性的体育项目》（第二版）（纽伯里公园，CA：塞奇出版公司，1990）。

第三章

对美国黑人和拉丁美裔人政策偏好的认知

否白人领导者和少数派领导人感受是不相似的,但却无法测量出他们的感受在这四个城市中变化的程度。这项研究的问题可以检测一些情况,而在这些情况下领导人更愿意了解和认识少数民族的权益。卡方检查却达不到这一目标。因此,这个指数的设计是统计多数派和少数派领导人在四个城市对美国黑人和拉丁美裔人感受的变化程度。它考虑到把白人领导者对非裔美国领导人和拉丁美洲领导人的关注的认识在四个城市里做了一个对比。

基于对个体采访资料的分析,在此冒昧指出这本书的研究焦点。对能影响到每个白人领导者、非裔美国领导人和拉丁美洲领导人认知给予少数派最大关怀这一观点的因素,个体层面采访分析的测试不能做出解释。领导者工作中的不同情况,这点并非受试者的特点,是这项研究的主要的自变量。这种测量被用来处理一些统计学上全面调查的可靠度,像社会经济、政治和非传统因素都会影响城市领导者代表少数派权益的倾向。金、基欧汉和维尔博主张只有5个观察点能得出临时的推断,这一研究至少在8个独立环境中调查了少数派权益的代表。①

认知变量的排序是与每个城市的社会经济、传统和非选举特点相一致的,并且可以判定哪一个自变量与因变量形式相一致。当自变量和因变量的图条互相匹配时,无论是在每个城市还是在这四个城市中,那么这个所研究的特殊自变量会影响少数派权益的认知。如果一个自变量不能与因变量相符合,那么这个因素不会影响到领导者的认知。例如,白人领导者在缺乏政团竞争的城市中认知到少数派权益,那么这个因素作为解释白人领导者认知的变量会被排除。这种匹配的方法为另类解释提供了一种考察形式。

对每个城市社会经济、政治和非选举的特点的不同认知顺序作了一个对照,这个对照可以判定自变量形式与因变量形式匹配与否。如果自变量形式与因变量形式相符,那么这个因素就会影响领导者对美国黑人和拉丁美裔人关注的认知。如果这两种形式不相符,那么这个因素将会作为领导

---

① 金,基欧汉和韦伯,《设计社会调查》(1994年),第216页。

者对少数派权益认知的一个决定性因素被排除。

四个城市中领导者的认知

在82的认知分数中，超过75%的布里奇波特白人领导者表现出对美国黑人关怀的认知。因此，非裔美国领导人和白人领导者对美国黑人的权益有相似的认知。在沃特伯里，2/3的白人领导者对美国黑人的关怀拥有较高程度的认知。不足半数的斯坦福的白人领导者认同这个观点，在哈特福德，白人领导者对美国黑人的关怀表示不理解。在布里奇波特的认知分数要比沃特伯里的分数高16点，而沃特伯里的相似分数比斯坦福要高20点（见图3.1）。哈特福德的相似分数比斯坦福的要低32点。斯坦福的分数表示这个城市对美国黑人关怀在一个较适当的水平上。

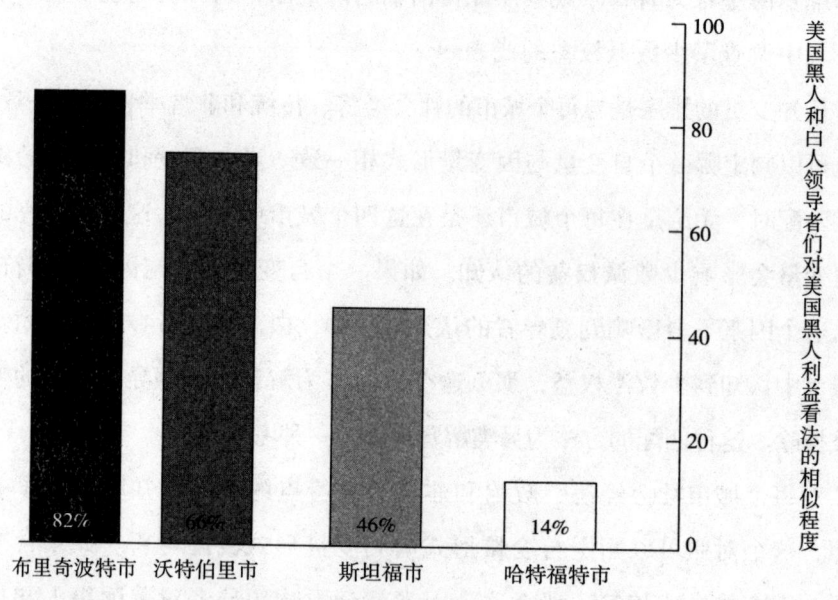

图3.1　白人和美国黑人的比分

白人和美国黑人看法的相似指数：在布里奇波特市、沃特伯里市、斯坦福市和哈特福德市，白人和美国黑人领导者们对美国黑人最关注的问题的一致程度。

布里奇波特的多数派领导者对拉丁美裔人的关怀也有适当的认知，三分之一的白人领导者和拉丁美洲领导人对给予拉丁美裔人最大程度的关怀有相似的看法（见图3.2）。沃特伯里、斯坦福和哈特福德分数都在10左右，这标志着较低的认知度（见图3.2）。白人及拉丁美洲的领导人在这些城市对给予拉丁美裔人最大程度的关怀几乎不能达成一致。

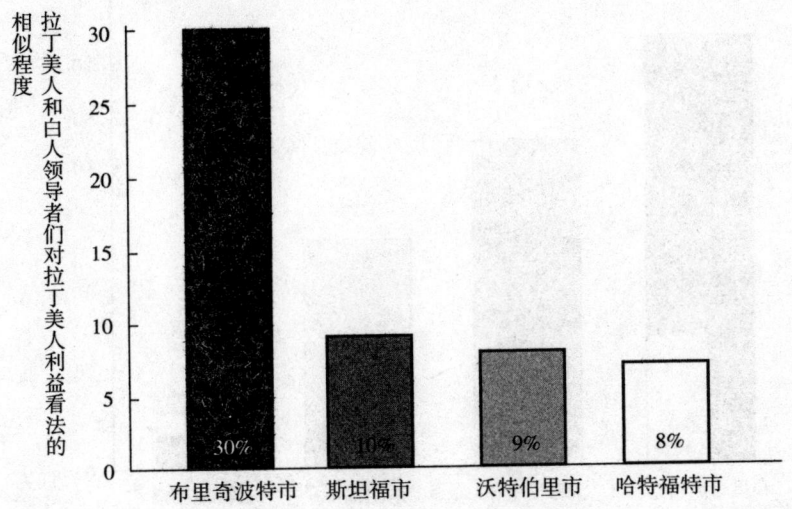

图3.2 白人和拉丁美裔人的比分

白人和美国黑人看法的相似指数：在布里奇波特市、沃特伯里市、斯坦福市和哈特福德市，白人和美国黑人领导者们对美国黑人最关注的问题的一致程度。

每个城市中领导者的认知

在四个城市中，白人领导者对美国黑人权益的认知要比对拉丁美裔人权益的认知要高。在沃特伯里，美国黑人的相似分数比拉丁美裔人的相似分数高56点，在布里奇波特要高52点，斯坦福高37点，在哈特福德只处在略高的水平（见图3.3）。

美国黑人和拉丁美裔人相似度分数显示出不同的表现形式。美国黑人

仅有选举政治是不够的：少数群体利益表达与政治回应

相似分数在图表中的表现形式是白人领导者能很高地、相当地和轻度地意识到他们的权益（见图3.3）。拉丁美裔人的表现形式是白人领导者在布里奇波特能适当地了解拉丁美裔人的权益，而在其他的城市却是缺乏认知。

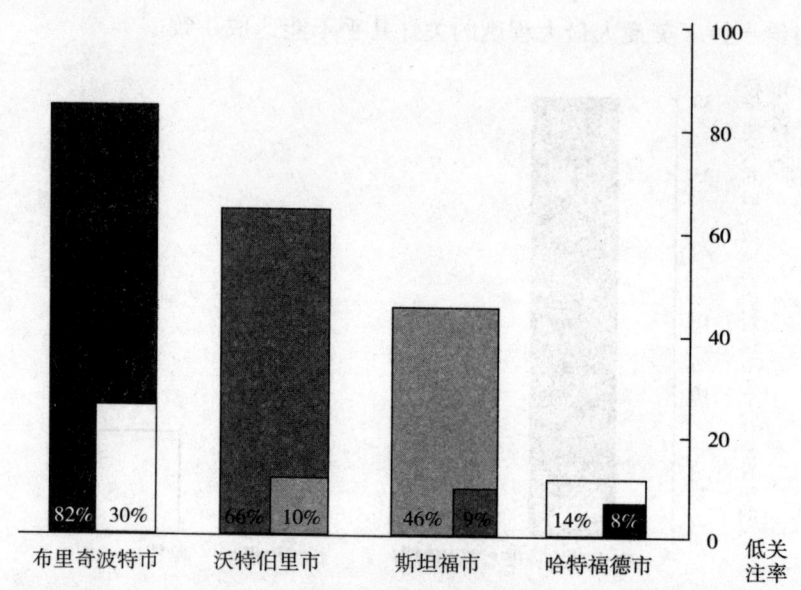

图3.3 美国黑人和拉丁美裔人的比分

在布里奇波特市、沃特伯里市、斯坦福市和哈特福德市，白人领导者们对美国黑人和拉丁美裔人利益关注的比较。白人和美国黑人关注的相似度为左边的柱状图，白人和拉丁美裔人关注的相似度为右边的柱状图。

为了判定哪个因素能影响到领导者对美国黑人和拉丁美裔人权益的认识程度，每个城市的级别都基于自变量：白人领导者对给予美国黑人和拉丁美裔人最大程度关怀的认知。图3.4—3.9比较了自变量和因变量形式。每一个图显示的是每个城市如何根据白人领导者对美国黑人和拉丁美裔人权益的认知来划分等级。那些白人领导者对美国黑人和拉丁美裔人有最高程度认知的城市级别要高于那些领导人对于少数派缺乏关怀的偏远地区。

每个图重点突出的是，每个城市是如何根据一个可以影响少数派权益认知的自变量来划分等级的。对于除了工人阶级的白人比例的每个自变量范畴，城市在理论上的有利位置从最好排到最差。级别最高的城市拥有可以正面影响认知的特点。排名第四的城市有些对认知产生不利影响的特点。对于政治团体竞争性的变量，例如，最具政治竞争性的城市排名第一而最没竞争性的城市排名最后，因为在理论上政治团体竞争可以正面影响少数派权益的代表。对于工人阶级中白人的比例来说，拥有高比例的白人工人阶级的城市排名第一，排名最后的则是拥有白人工人阶级最少的城市。研究表明，有较高比例白人工人阶级的地方能最大程度地抵抗种族及少数民族权益。

认知变量的排序是与每个城市的社会经济、传统和非选举特点相一致的，并且可以判定哪一个自变量与因变量形式相一致。当自变量和因变量的图条互相匹配时，无论是在每个城市还是在这四个城市中，那么这个所研究的特殊自变量会影响少数派权益的认知。如果一个自变量不能与因变量相符合，那么这个因素不会影响到领导者的认知。例如，白人领导者在缺乏政团竞争的城市中认知到少数派权益，那么这个因素作为解释白人领导者认知的变量会被排除。这种匹配的方法为另类解释提供了一种考察形式。

少数派选举人员的人数

选举中少数派的比例不能解释在白人领导者对美国黑人和拉丁美裔人权益的认知中的变化。在哈特福德，白人领导者对美国黑人和拉丁美裔人的权益一直维持最低的认知，而这个城市却拥有最高比例的少数派。在沃特伯里和斯坦福，美国黑人在选举中具有相同的比例，但是白人领导者在沃特伯里对美国黑人权益的认知比在斯坦福要高得多。在这些城市中，少数派选民的比例也不能解释白人领导者对美国黑人和拉丁美裔人的权益认知的变化。即使是在布里奇波特、沃特伯里和斯坦福，美国黑人和拉丁美裔人拥有相似比例的选民，但是每一个城市的领导者对美国黑人权益的认知却比对拉丁美裔人权益的认知要高很多（见图3.4）。

仅有选举政治是不够的：少数群体利益表达与政治回应

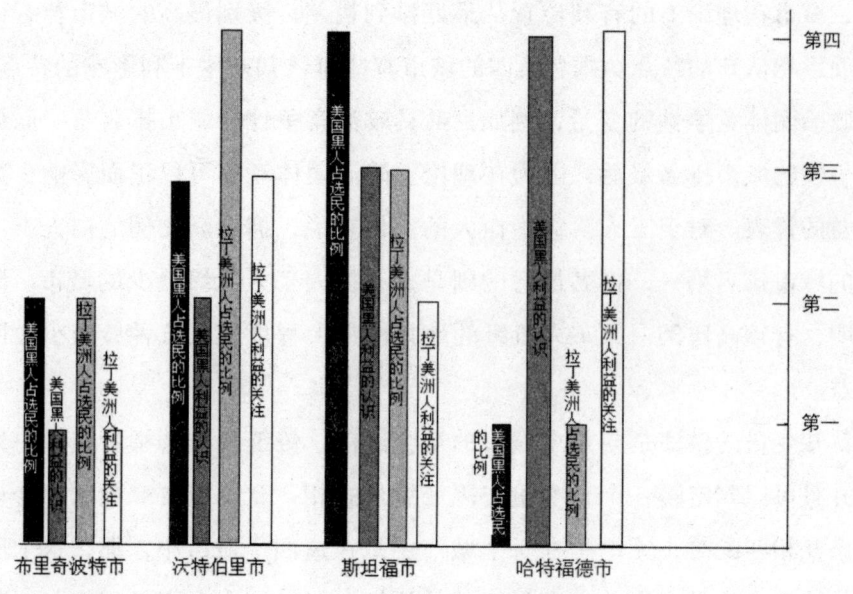

图3.4 城市之间的排名

在布里奇波特市、沃特伯里市、斯坦福市和哈特福德市，少数民族和少数种族选民的比例的排序和白人领导者们对美国黑人和拉丁美裔人利益的关注。

描述性代表的作用

在哈特福德，虽然美国黑人和拉丁美裔人在市议会占了2/3的比例，但是白人领导者却很少能认识到美国黑人和拉丁美裔人的权益。美国黑人在沃特伯里和斯坦福的市议会大约占据相同比例的人数，但是沃特伯里的领导者对美国黑人权益的认知却比在斯坦福要高很多。在布里奇波特，美国黑人和拉丁美裔人在市议会各占20%，但是白人领导者更加看重美国黑人的权益（见图3.5）。通过代表形式和认知程度的不相称，我们可以看出，在白人领导者对美国黑人和拉丁美裔人权益认识的诸多因素中，议会中少数派人数所占比例的多少是毫无意义的。

第三章
对美国黑人和拉丁美裔人政策偏好的认知

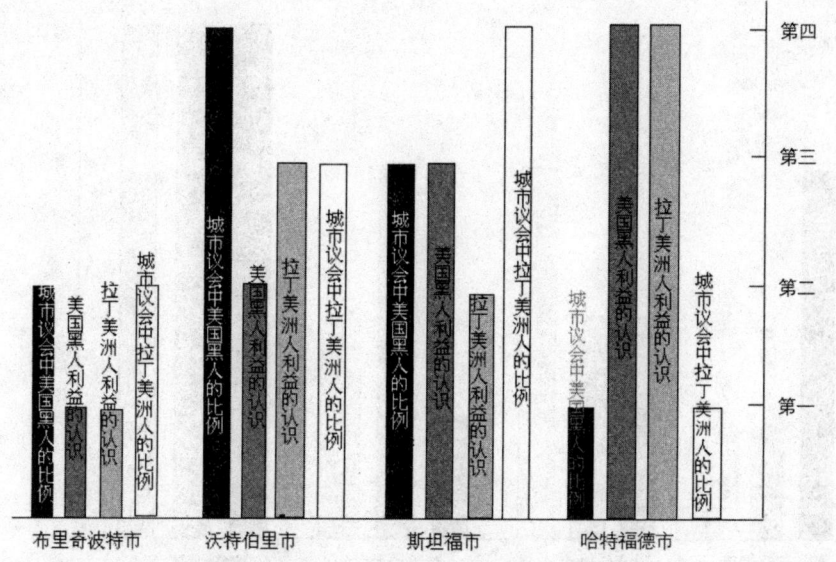

图 3.5　城市之间的排名

在布里奇波特市、沃特伯里市、斯坦福市和哈特福德市，少数民族和少数种族在城市议会中成员比例的排序和白人领导者们对美国黑人和拉丁美裔人利益的关注。

政团竞争

团体竞争可以鼓励领导者去追逐多团体的权益，而一党专制的城市的领导人却对传统上排除的团体的反应缺乏刺激。这一研究得出的比例值不支持传统的理解。政团竞争的形式和美国黑人及拉丁美裔人关怀的认知是不相符的。像布里奇波特这样一党制的城市，多数派领导人会给予美国黑人和拉丁美裔人最高程度的认知。而在政治竞争城市像斯坦福，对美国黑人的权益有相当程度的认知，但是却没有意识到拉丁美裔人的权益。如果竞争可以提高认知，那么在沃特伯里拉丁美裔人的分数也会比想象的要低很多（见图 3.6）。

社会经济地位

在工人阶层白人比例较多的两个城市中，白人领导者对少数派权益有

仅有选举政治是不够的：少数群体利益表达与政治回应

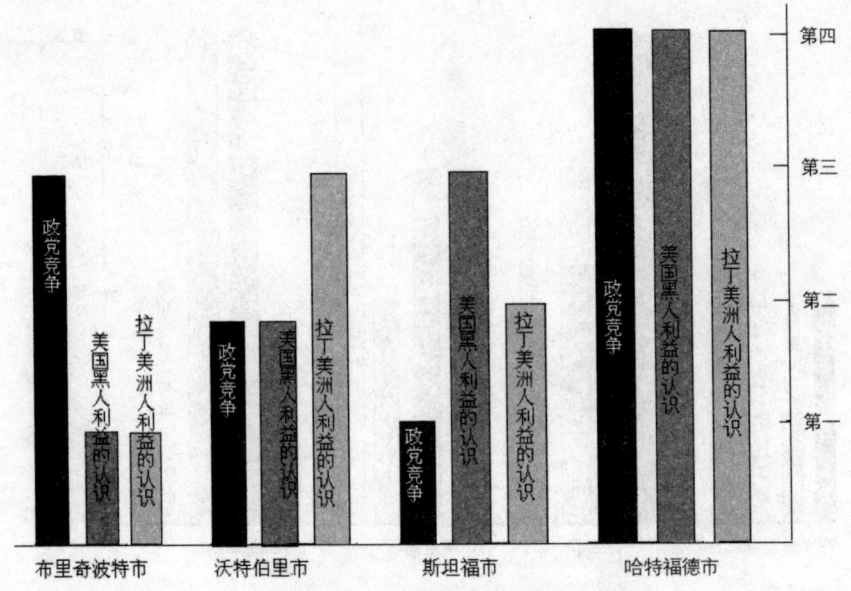

图 3.6　城市之间的排名

在布里奇波特市、沃特伯里市、斯坦福市和哈特福德市，政党竞争激烈程度的排序和白人领导者们对美国黑人和拉丁美裔人利益的认识程度排序。

较高水平的关注。布里奇波特是一个有很多工人阶层白人的居住地，这个城市的领导人对美国黑人和拉丁美裔人的权益非常了解。沃特伯里虽然有很多的工人阶层居住，但是也能关注到美国黑人。大量工人阶层人口的存在没有对布里奇波特的领导人对美国黑人和拉丁美裔人权益产生不良影响。相反，在拥有大量中高级阶层白人的斯坦福，多数派领导人却缺乏对美国黑人和拉丁美裔人的权益的认识（见图3.7）。

第三章
对美国黑人和拉丁美裔人政策偏好的认知

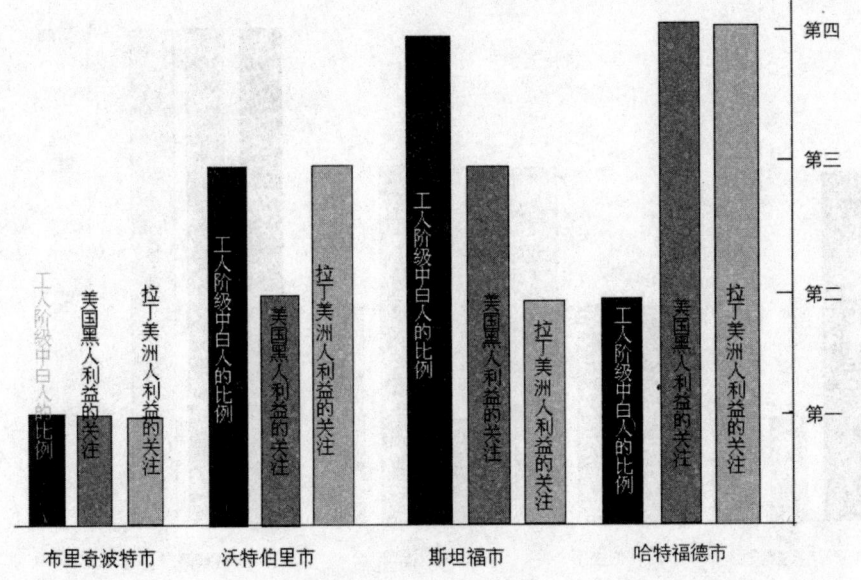

图 3.7　城市之间的排名

在布里奇波特市、沃特伯里市、斯坦福市和哈特福德市，工人阶级人口中白人比例的排序和白人领导者们对美国黑人和拉丁美裔人利益的关注。

较高的社会经济地位与白人领导者对美国黑人和拉丁美裔人的权益的认识并不一致。斯坦福的居民更倾向于拥有高收入和有地位的职位，但是这个城市的领导人对美国黑人的权益的认识程度却一般，甚至没有意识到拉丁美裔人的权益（见图3.8）。像布里奇波特这个落后的城市，对美国黑人和拉丁美裔人的认识达到了最高程度。

美国黑人和拉丁美裔人的资源

非选举资源的形式与认知形式相符，这一点与其他变量形成一个鲜明的对比。认知程度和少数组织形式的相似性表明，少数派资源会影响到白人领导者对美国黑人和拉丁美裔人的关怀。无论是在所有城市还是每一个城市，美国黑人资源和有限的拉丁美裔人资源的存在，都可以解释白人领导者对其认知程度的不同。在每一个城市中，美国黑人比拉丁美裔人都具有更好的组织的容量。并且在这四个城市中，领导人对美国黑人权益的认

仅有选举政治是不够的：少数群体利益表达与政治回应

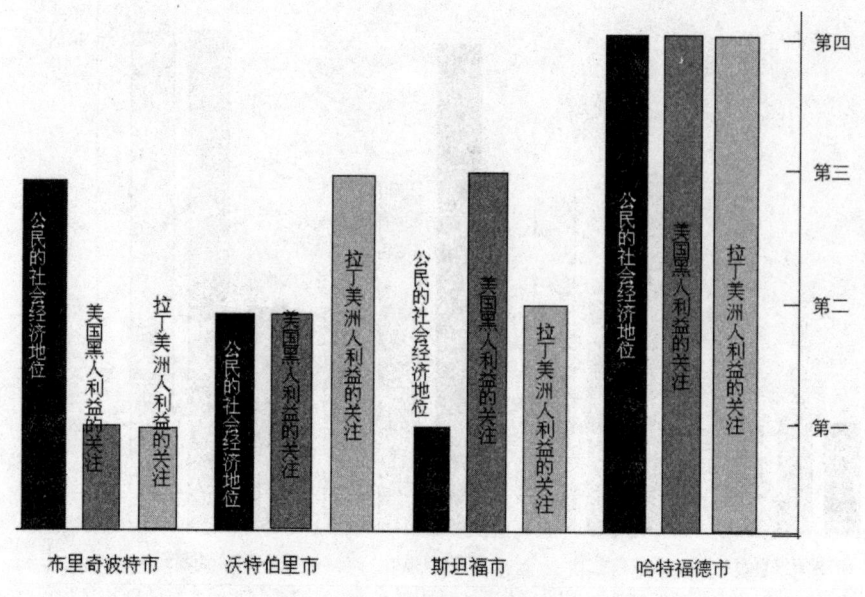

图 3.8　城市之间的排名

在布里奇波特市、沃特伯里市、斯坦福市和哈特福德市，市民社会经济地位的排序和白人领导者们对美国黑人和拉丁美裔人利益关注的排序。

知程度要比对拉丁美裔人高。

在布里奇波特，美国黑人掌握着大多数的组织资源，因此多数派领导人对美国黑人的权益有最高程度的认知。不只是单纯指成员，布里奇波特非传统资源的特点也足以对种族和少数民族权益的代表有帮助作用①。这与其他城市不同，例如布里奇波特的周边团体全都是由美国黑人参加的。在沃特伯里，美国黑人掌控着大量非传统资源，周边团体会很关注种族和少数民族的权益。在斯坦福，美国黑人拥有少量的社会服务组织，白人领导者对美国黑人的认识只是很一般。在哈特福德，非传统的渠道只能引起小范围的关注，对这些组织的关注不足有助于解释为什么领导人对美国黑人和拉丁美裔人权益关注的不足。在布里奇波特，白人领导者对拉丁美裔人的关注也是最多的，在这个城市，拉丁美裔人拥有最大的组织容量并且可

---

① 主要是因为非传统资源水平和特征的重要性，见第五章和第六章。

第三章
对美国黑人和拉丁美裔人政策偏好的认知

以参加城市的周边团体（见图3.9）。

拉丁美裔人关注认知的图可能会产生一点误导，因为在其他三个城市中白人领导者几乎没有意识到拉丁美裔人的权益，并且拉丁美裔人也缺少组织的资源（见图3.9）。在图中斯坦福排第二沃特伯里排第三，但是领导人在这两个城市中都没有认识到拉丁美裔人的权益。总之，非传统资源与认知程度的关系在所有的形式中具有最高的相似度。

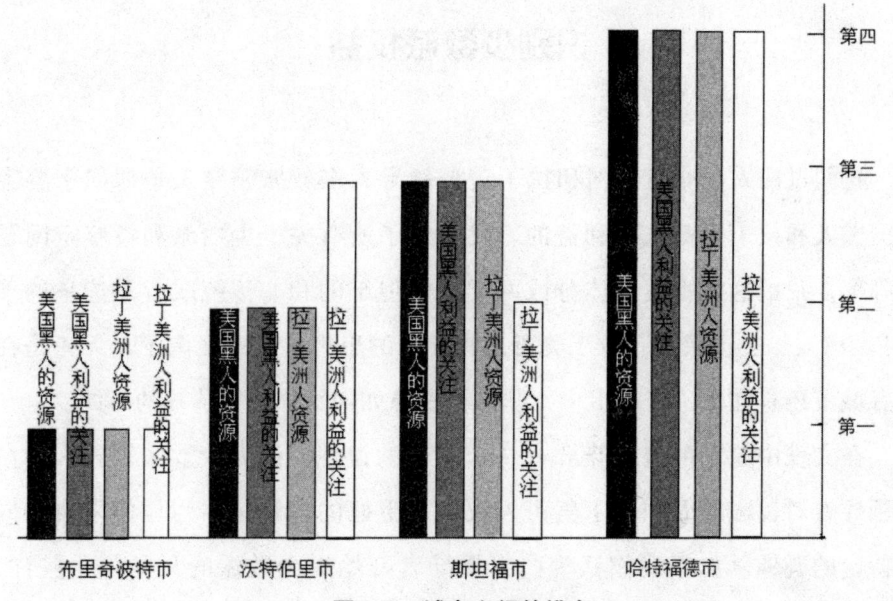

图 3.9　城市之间的排名

在布里奇波特市、沃特伯里市、斯坦福市和哈特福德市，美国黑人和拉丁美裔人的资源的排序和白人领导者们对美国黑人和拉丁美裔人利益关注的排序。

一些领导者支持这样的说法，他们认为组织资源有助于少数派培养白人领导者对美国黑人和拉丁美裔人的关怀。布里奇波特的领导人主张周边团体通过吸引他们对少数派权益的关注来增加美国黑人和拉丁美裔人的人口①。斯坦福的拉丁美洲领导人声称城市忽略了他们的权益，说"没有组织的拉丁美裔人是不能抱怨的，我们不抱怨又如何得到我们应得的权益"②。

---

① 克里斯多夫·卡罗素，1998年6月7日，在布里奇波特市，作者与其会面访问。
② 格莱德斯·威尔斯，1998年6月2日，在布里奇波特市，作者与其会面访问。

斯坦福的美国黑人还说，组织容量还影响少数派培养城市领导人认知他们社区的能力。这个城市中的一个非裔美国领导人认为，如果美国黑人和拉丁美裔人拥有较大的组织容量，那么白人领导者就能理解和倾听少数派的权益。在斯坦福，另一种主张则是认为，组织和领导者允许组织去表达自己。

识别少数派权益

我问过白人、非裔美国和拉丁美洲领导人多数派领导人是如何来鉴定美国黑人和拉丁美裔人的利益的。我收集了所有关于少数派利益鉴定问题的答案，我把这些答案大体分成两类，即传统的和非传统或者非选举的形式①。白人、美国黑人和拉丁美裔人领导者的思想、意思强调了，无论是在所有城市还是在每一个城市中，非传统资源如何解释领导认知的不同。

在文献中关于种族和族群有一个潜在的设想，认为少数派领导人比白人领导者对美国黑人和拉丁美裔人权益有更好的理解是因为他们来自于同一特定的群体。如果我们认为白人领导者开始对少数派的只是很少关注，那么我们就知道多数派领导人在民主社会是否会去识别美国黑人和拉丁美裔人的权益，以及如何去识别②。对于城市领导者如何识别这些关注以及为什么这些关注存在差异，我们通过观察白人用来了解少数派关注的渠道就可以很好地证明这一点。

---

① 正如我在第一章中解释的一样，很多答案包括选举的官员、政党、选举程序或像民意测验的政治策略都是传统的渠道。教会、社区组织和社会服务组织是超选举的，这是因为他们不是由政府官员或政党领导们主导的，他们的目的是为了改进他们的组织或团体成员的生活，并且他们并没有开始介入政治领域。相比之下，传统的渠道明确地介入了政党、政府官员或在各个阶段中许多其他的政治角色。

② 思温的《黑色的脸庞，黑色的利益》和鲁布森的《代表的悖论》都认为，白人领导者们可以代表少数人群的利益。鲁布森和思温都坚持认为，当美国黑人在议会选区中的美国黑人占据35%到40%的组成人员时，议会的白人组成人员代表少数人群的利益。

领导者是如何识别美国黑人权益的

布里奇波特的白人领导者对美国黑人权益的关认识程度是最高的,并且他们利用额外选举的渠道和传统与非传统相结合的方法来识别美国黑人的权益。在布里奇波特,将近一半的白人领导者用额外选举的方法来识别美国黑人的权益,另外40%声称使用的是传统与非传统结合的方法。布里奇波特的每一个领导者在某种程度上都是用非传统资源。在沃特伯里和斯坦福,多数派领导者主要还是依靠传统渠道(见图3.10)。布里奇波特的领

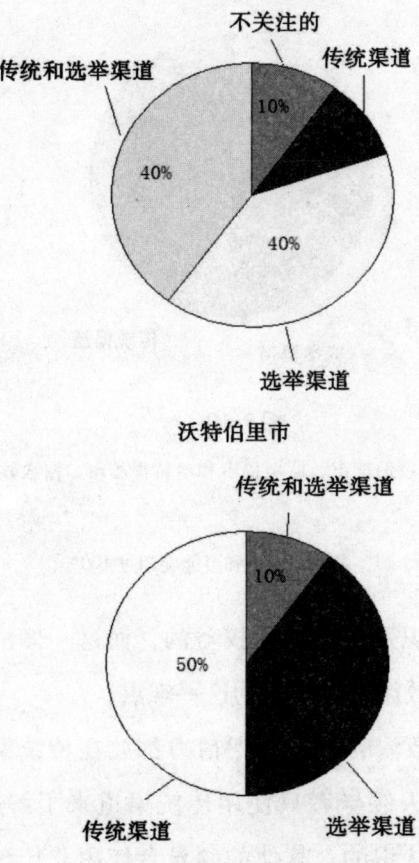

仅有选举政治是不够的：少数群体利益表达与政治回应

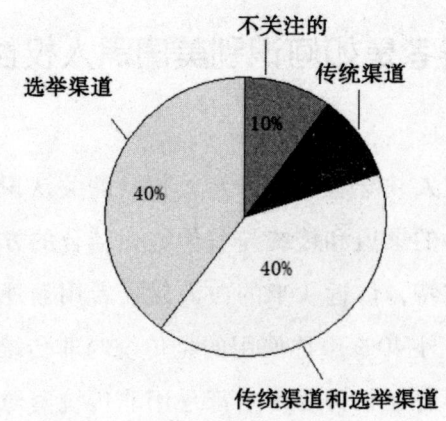

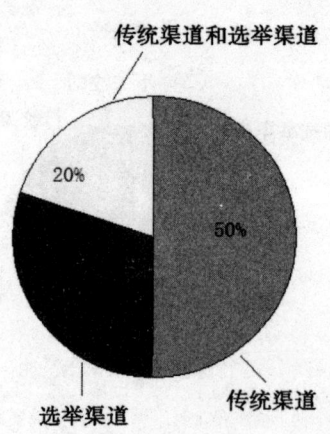

图 3.10

在布里奇波特市、沃特伯里市、斯坦福市和哈特福德市，白人领导者们所说的是如何关注美国黑人利益的。

注：因为要凑成一整个圆，各项比例的和可能会超过100%。

导人是通过组织资源来识别美国黑人权益的，而这一倾向很好地证明了非传统渠道可以增加对少数派权益认识的这一观点。

相比之下，许多多数派的领导人把精力都放在传统渠道上。在沃特伯里和斯坦福，一半的白人领导者只使用传统渠道来了解美国黑人的权益。这些方法是不利于提高认识的。其他的领导者使用非传统渠道和传统与额

第三章
对美国黑人和拉丁美裔人政策偏好的认知

外选举相结合的渠道来认识美国黑人的权益,但是程度比在布里奇波特要低得多(见图3.10)。

白人领导者主张运用哈特福德的周边团体去识别美国黑人的权益。然而,这些少数派周边团体貌似只能提供一些很局部的信息,而不能提供全市的情况。就像我在总结篇中所做的详细解释,在哈特福德缺少了城际网络和周边团体间的合作将有碍于社区组织让领导者更好地认识美国黑人的权益。

非裔美国领导者的观念

非裔美国领导者的观念也从另一个方面说明,额外选举渠道会提高对他们社区关注的认识。并且美国黑人在布里奇波特使用这些渠道的程度比其他三个市要大。在布里奇波特,将近三分之一的非裔美国领导者把非传统渠道作为其权益的重要载体。相比之下,斯坦福8%的非裔美国领导者和沃特伯里22%的非裔美国领导者认为,白人领导者主要还是依靠非传统渠道来识别美国黑人的关注点(见图3.11)。

哈特福德的非裔美国领导者的疏离感最严重①。在哈特福德,40%多的非裔美国领导者认为白人领导者无视他们的权益。相比之下,在布里奇波特和沃特伯里大约有1/5的非裔美国领导者有这样的观念(见图3.11)。这么高的疏离程度支持早期的观点,即哈特福德的领导者很少关注美国黑人的权益。

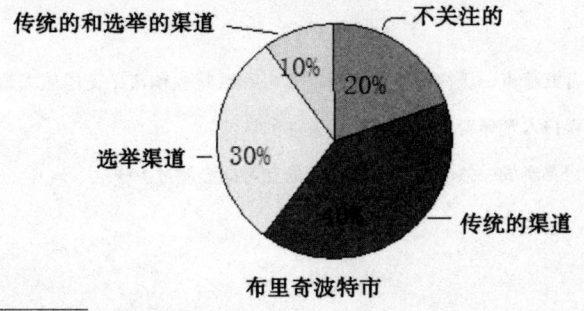

布里奇波特市

---

① 异化指的是政治系统组织之间的感觉,因此分离意味着组织缺乏政治系统如何运行的了解。

仅有选举政治是不够的：少数群体利益表达与政治回应

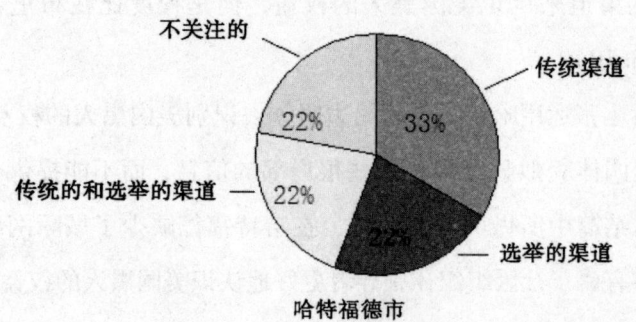

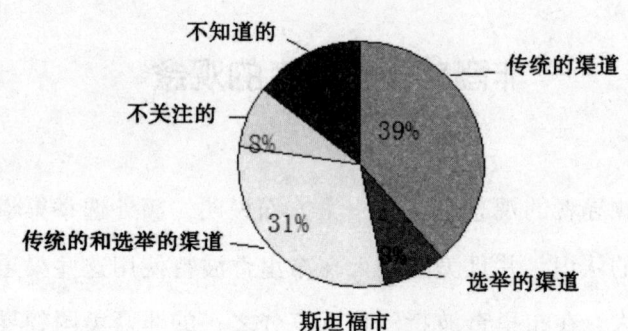

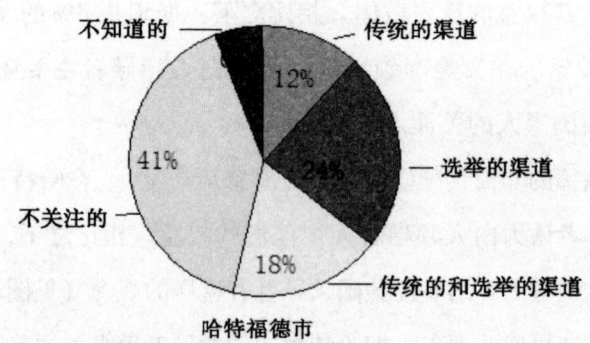

图 3.11

在布里奇波特市、沃特伯里市、斯坦福市和哈特福德市，美国黑人领导者们是如何获得白人领导者们对他们利益关注的认同。

注：因为要凑成一整个圆，各项比例的和可能会超过100%。

第三章
对美国黑人和拉丁美裔人政策偏好的认知

领导者是如何判定拉丁美裔人权益的

将近三分之一的布里奇波特白人领导者依靠额外选举的渠道来判定拉丁美裔人的权益,并且40%的人使用传统和额外选举相结合的渠道来认识对拉丁美裔人的关注情况,布里奇波特市也是四个城市中给予关注程度最高的(见图3.12)。超过三分之二的布里奇波特白人领导者使用非传统渠道这一在某种程度上能意识到这些观点可以影响到拉丁美裔人的人口数量。最重要的是,拉丁美裔人掌控着额外选举资源,而这些资源在布里奇波特领导者是用来识别他们的关注的。这些渠道把拉丁美裔人的社区和城市领导者联系起来,并且有助于培育多数派在这方面的思想意识。

在沃特伯里和斯坦福,很多白人领导者使用选举的渠道来判定拉丁美裔人的权益,但是在政界拉丁美裔人非常少。因此,在沃特伯里和斯坦福至少40%的白人领导者使用传统的方式来认识拉丁美裔人的权益,拉丁美裔人在这两个城市的市议会中只有很少的比例。因为拉丁美裔人在传统渠道中缺少代表,白人领导者对拉丁美裔人权益的认识程度很低。很多白人领导者也坚持使用非传统渠道来判定拉丁美裔人的权益,但是拉丁美裔人在沃特伯里和斯坦福缺少庞大的组织资源,并且现有资源的程度也没能达到像布里奇波特市的那样(见图3.12)。

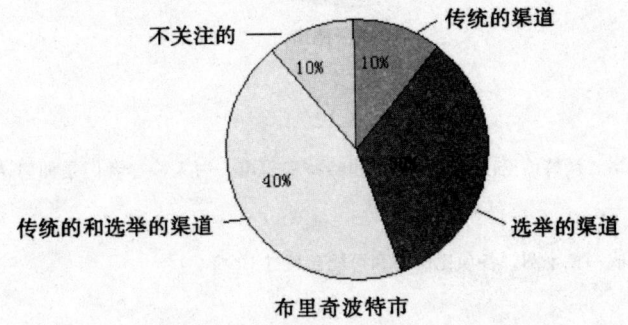

仅有选举政治是不够的：少数群体利益表达与政治回应

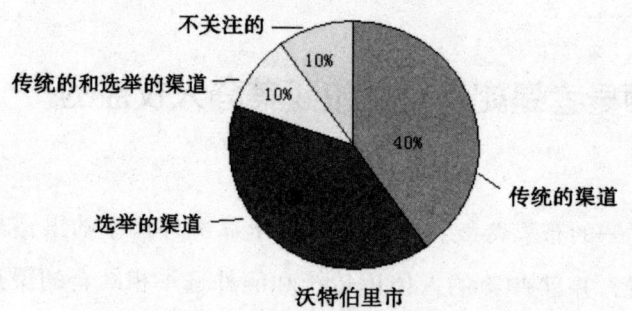

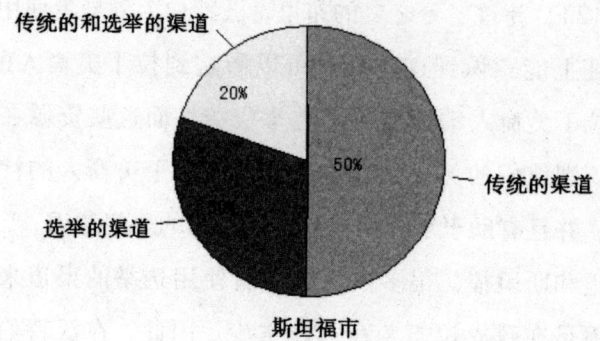

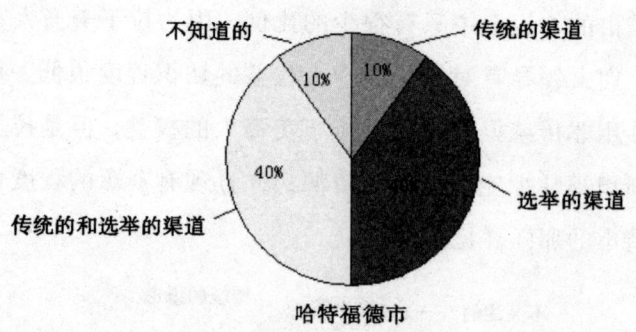

图 3.12

在布里奇波特市、沃特伯里市、斯坦福市和哈特福德市，白人领导者们是如何认同拉丁美裔人的利益的。

注：因为要凑成一整个圆，各项比例的和可能会超过100%。

第三章
对美国黑人和拉丁美裔人政策偏好的认知

拉丁美洲领导者的思想意识

在四个城市中,拉丁美洲领导者都会感觉跟市领导者有疏远感。在拉丁美洲领导者中,这种强烈的疏远感恰恰能证明我们之前所研究的领导者普遍不能理解拉丁美裔人的权益这一观点。在斯坦福,半数的拉丁美洲领导者感觉白人领导者无视他们的权益。此外,在沃特伯里、布里奇波特和哈特福德分别有40%、33%和30%的拉丁美洲领导者声称,市领导人无视他们的社团权益。这种强烈的疏离感在斯坦福和哈特福德也有报道。1/5的拉丁美洲领导者声称,他们不知道在这两个城市中领导者如何才能认识到他们的权益(见图3.13)。

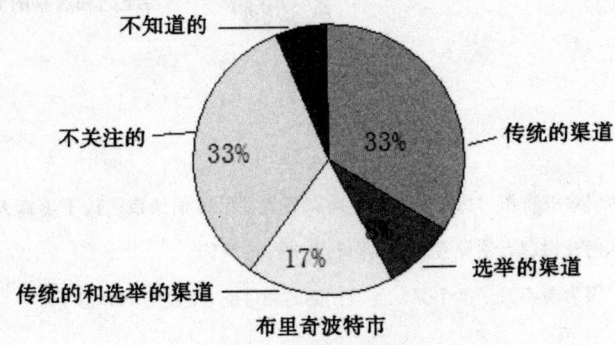

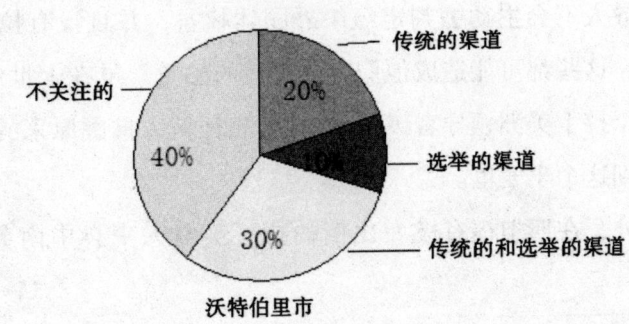

仅有选举政治是不够的：少数群体利益表达与政治回应

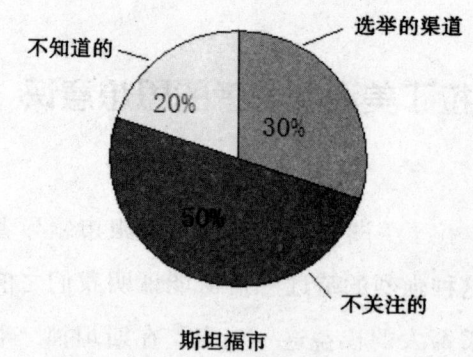

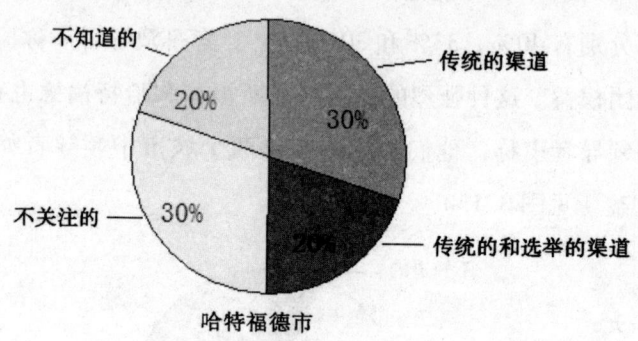

图 3.13

在布里奇波特市、沃特伯里市、斯坦福市和哈特福德市，拉丁美裔人领导者们是如何获得白人领导者们对他们利益关注的认同。

注：因为要凑成一整个圆，各项比例的和可能会超过100%。

拉丁美裔人在斯坦福之所以有最强的疏离感，可能有两个原因。首先，政府领导人不会主动去判定组织外团体权益，并且没有拉丁美裔人的选举办公室，这些都可能造成他们有被排外的感觉。早在上世纪90年代，斯坦福的一个拉丁美洲领导者声称："我不想任何人推翻原来的方式，把西班牙选民带到这个牢笼里。"①

此外，在斯坦福有极大比例的拉丁美裔人来自中南美的非民主国家。

---

① 援引自贝丝·库尼，"拉丁美裔人似乎在城市政治中缺乏声音"，载《斯坦福拥护者》，1995年10月19日，A1、A16版。

他们可能习惯性地认为，政府对他们这种阶层的权益很少会做出反应的。相比之下，在哈特福德、布里奇波特和沃特伯里，大量的波多黎各人在民主系统中接受政治教育，可能更加会使用政治方法，而很少会把他们自己当作政治圈以外的人。除此之外，波多黎各人不像那些来自其他国度的拉丁美裔人那样，他们只要能来到大陆就可以参加当地的政治选举。以下是一位斯坦福的拉丁美洲领导人的话：

> 你现在有用来自不同国度的人民。最近的新移民大多数是来自中美洲的，事实上是从格兰德河下来的，你的政治如此混乱。来自萨尔瓦多的一个人认为政治家是游击队。即使对于一个像我一样来自墨西哥的人来说，在这仍有许多的怀疑。当墨西哥人在民主主义中选举一个所谓的改革者，最终还是在某些流言蜚语中结束。只是没有信任。此外，有一个事实就是，我们并非是来自同一个国家。人人都想把自己当作哥伦比亚人或者波多黎各人再或者墨西哥人。如果存在这么大的差异，是很难把他们组织起来的。①

拉丁美裔人的疏离

为什么拉丁美洲领导者与非裔美国的同僚比起来更坚信白人领导者没有认识到他们的权益？美国的政治把这个重任交给市民。由白人领导者来代表的少数派利益是一个很不成熟的方式，这个需要美国黑人和拉丁美裔人付出特殊的努力来获得这个代表权。人们必须首先申请去选举。选举日不是一个国家的假日；因此，选举人必须在不耽误工作的情况下来安排时间。低投票率意味着这些被选举的官员不必回应每一个人。竞选活动的贡

---

① 援引自贝丝·库尼，"拉丁美裔人似乎在城市政治中缺乏声音"，载《斯坦福拥护者》，1995年10月19日，A1、A16版。

献是打开政治之门,但是并不是每一个人能够得到实质性的选举贡献①。只有当少数派在判定方法中有意外的突破时,他们的领导者才会开始代表他们的权益。像这些访问中所指出的,少数派需要通过某种渠道来增加对他们权益的认识。

美国黑人的大量政治经验告诉我们如何使用非传统渠道来获得通往政府的道路。② 相比之下,拉丁美裔人的有限的经验在某种程度上阻碍了这个团体在判定过程中所起的作用。这些较好的经验可能会给非裔美国领导人一个强有力的支持。这也增加了白人领导者意识到美国黑人权益的可能性。拉丁美裔人最近的起点可能是,因为他们的疏离和他们远离白人领导者来判定少数派权益的渠道。

非传统资源的重要性

根据白人领导者用来判定美国黑人和拉丁美裔人权益的方法,把少数派领导者的思想意识做了一个对比,说明了非传统资源对于传统的被排外组织的代表的重要性。在布里奇波特,非裔美国领导者比起拉丁美洲领导者更喜欢使用市领导用来认识权益的渠道。对于他们的关注的判定,拉丁美洲领导人没有把额外选举看作重要的方式,因此将近三分之一的美国黑人领导人认为布里奇波特领导者使用非传统渠道。在这个城市拉丁美洲领导人比起非议美国领导人还有较高的疏离感(见图3.14)。

在布里奇波特和沃特伯里,美国黑人和拉丁美洲领导人的意识都暗示着额外选举资源可以让领导者判定少数派的关注。这里的拉丁美洲领导者比起非裔美国领导者更不把额外选举渠道作为代表他们利益的一部分,并

---

① 弗朗斯·福克斯和理查德·克洛德,《为何美国人没有投票:为什么政治家需要这样》(第二版)(波士顿:灯塔出版社,2000)。
② 弗朗斯·福克斯和理查德·克洛德,《为何美国人没有投票:为什么政治家需要这样》(第二版)(波士顿:灯塔出版社,2000)。

且市领导对美国黑人的关注有较高的认识。对于领导者用来认识他们权益的渠道，拉丁美裔人却不屑一顾。拉丁美洲领导人的权益没有被市领导者认可，在认为白人领导者不能判定他们权益方面是非裔美国领导者的两倍（见图3.15）。

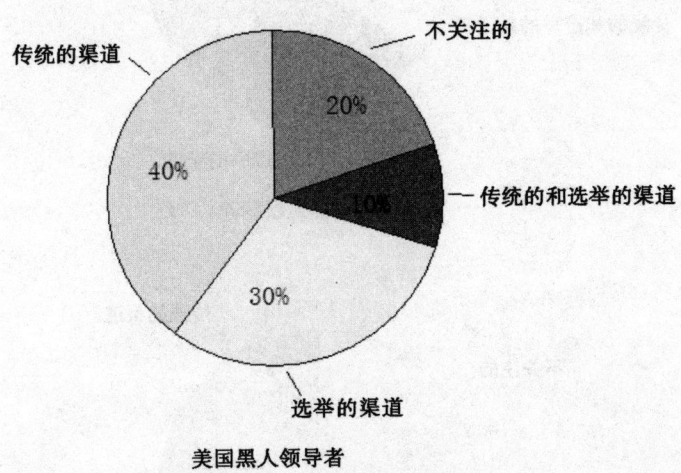

美国黑人领导者

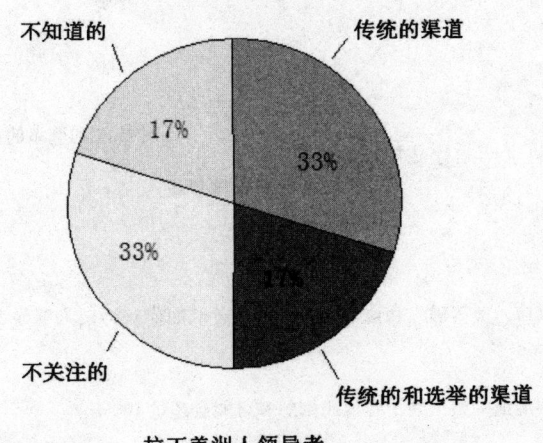

拉丁美洲人领导者

图3.14

在布里奇波特市，美国黑人和拉丁美裔人领导者们如何获得白人领导者们对他们利益关注的认同。

注：因为要凑成一整个圆，各项比例的和可能会超过100%。

仅有选举政治是不够的：少数群体利益表达与政治回应

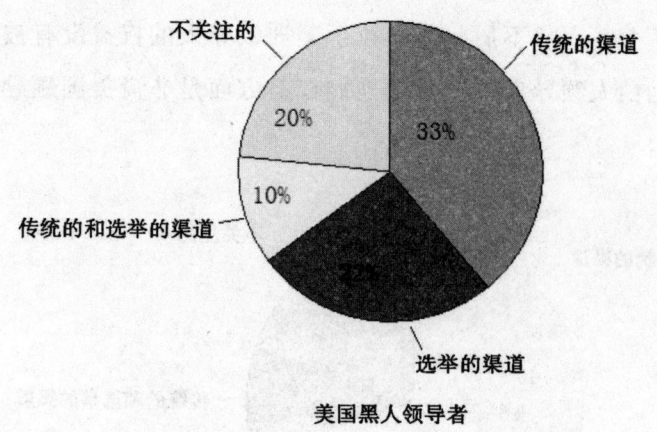

美国黑人领导者

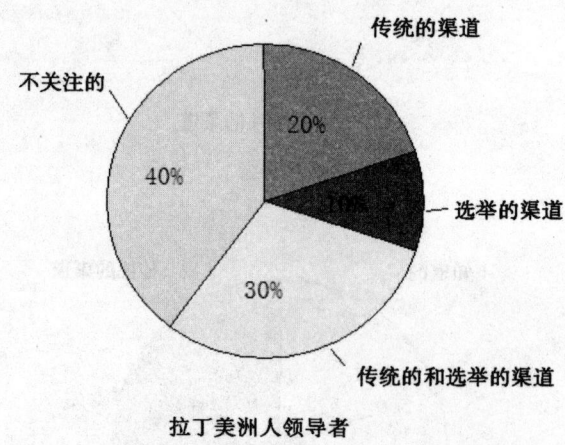

拉丁美洲人领导者

图 3.15

在沃特伯里市，美国黑人和拉丁美裔人领导者们如何获得白人领导者们对他们利益关注的认同。

注：因为要凑成一整个圆，各项比例的和可能会超过100%。

斯坦福的拉丁美洲领导人比起非裔美国领导者来有更强烈的疏离感和排外感。半数的拉丁美洲领导者认为，斯坦福的白人领导者忽略了他们的权益。与之相比，没有一个美国黑人有这样的思想（见图3.16）。此外，20%的拉丁美洲领导者不知道白人领导者如何去判定他们的权益，但是没有一个非裔美国领导者会有这样被排外的感觉。

第三章
对美国黑人和拉丁美裔人政策偏好的认知

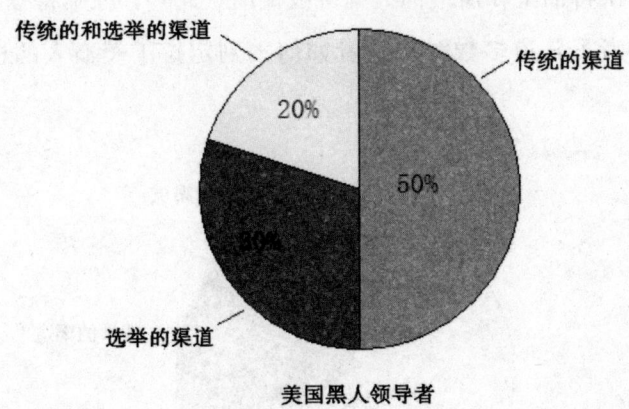

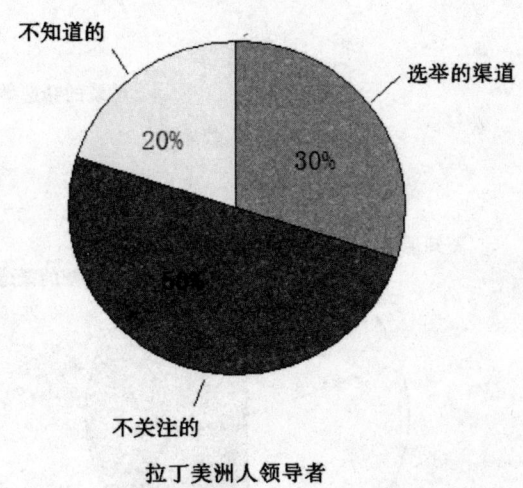

图 3.16

在斯坦福市，美国黑人和拉丁美裔人领导者们如何获得白人领导者们对他们利益关注的认同。

注：因为要凑成一整个圆，各项比例的和可能会超过100%。

美国黑人和拉丁美裔人的思想意识也支持这样的结论，就是哈特福德的白人领导者缺少对少数派利益的认识。美国黑人和拉丁美裔人都认为，哈特福德的领导者无视他们的权益。近33%的拉丁美洲领导者和41%的非裔美国领导者说市领导者忽视对他们的关注。非裔美国领导人在哈特福德比在

仅有选举政治是不够的：少数群体利益表达与政治回应

布里奇波特、沃特伯里和斯坦福更觉得被疏离。此外，在哈特福德，20%的拉丁美洲领导者不知道多数派领导者如何去判定拉丁美裔人的权益（见图3.17）。

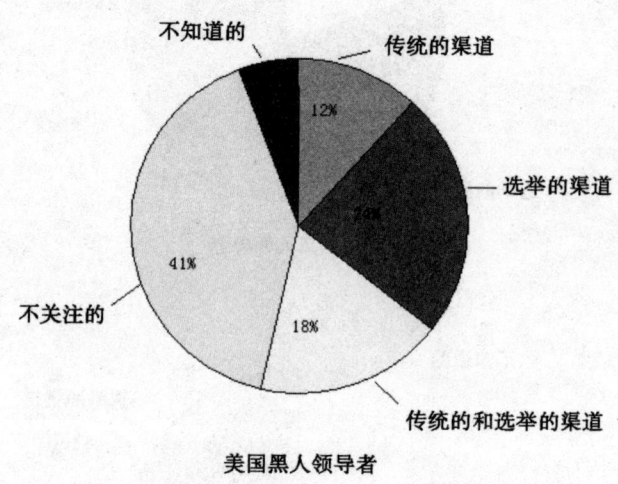

美国黑人领导者

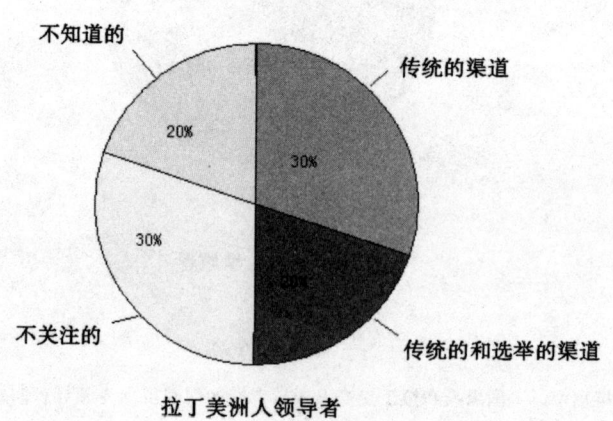

拉丁美洲人领导者

图 3.17

在哈特福德市，美国黑人和拉丁美裔人领导者们如何获得白人领导者们对他们利益关注的认同。

注：因为要凑成一整个圆，各项比例的和可能会超过100%。

第三章
对美国黑人和拉丁美裔人政策偏好的认知

传统与非传统渠道的相互影响

多数派和少数派领导者的思想意识表明,非传统和传统渠道一起潜在地作并相互促进。许多领导者通过议会认为,多数派领导者依靠非传统渠道或者传统与额外选举相结合的渠道来判定美国黑人和拉丁美裔人的权益。他们觉得,多数派领导人使用非传统渠道能有利于他们对美国黑人和拉丁美裔人权益的认识。

多种族的领导者认为,选举政治可以促进美国黑人和拉丁美裔人的权益。这些思想和非传统资源对少数派权益代表的重要性指出,布朗宁、马歇尔和泰伯对选举的重视不能捕获在东北城市的美国黑人和拉丁美裔人认为重要的所有事情。

在对民权运动的研究中,莫里斯强调非传统资源像领导、组织和交流网的重要性,他感觉非传统和传统渠道相互影响。[①] 然而,这项研究指出,传统和额外选举渠道产生了一个双向的过程,这个可以巩固东北非改革政府城市中少数派,便的地位。内部资源允许美国黑人和拉丁美裔人渗透政治过程,并且一旦进入,种族和民族的少数派便可以使用这些内部力量来为那些外部渠道保护资源。

布里奇波特的周边组织描述了传统与非传统渠道之间的相互作用。玛利亚因尼斯威莱是布里奇波特东方社区议会的主席,收到很多抱怨说,电话公司安装了许多没有经过商家允许的付费电话。[②] 付费电话牵扯到附近的居民,因为毒贩用它们作为贩毒和派毒的主要方式。威莱组织起东方社区

[①] 理查德·吉娜,《统计学:一项极具观赏性的体育项目》(第二版)(纽伯里公园,CA:塞奇出版公司,1990)。

[②] 保罗·冯·兹勒,"康涅狄格州的战争,腐败的烙印",载《纽约时报》,2003年3月28日;D·雷尼·格里马尔迪,"列车:市政府内部人士是如何看待贪婪和腐败的,陷害布里奇波特市的良好市民",载《康涅狄格州杂志》,2004年10月。

的居民向布里奇波特社区监管单位的领导投诉。同时，东方社区议会和警察把付费电话这个问题反映到了市议会。

东方社区议会和布里奇波特市议会的一个叫莉迪亚马丁内兹的成员一起努力，通过了法令所规范的付费电话的使用和安装。威莱通过外部渠道提出意见，马丁内兹通过传统渠道保卫了法规，可以看出非传统与传统渠道是如何相互作用来提高和回应少数派利益的。

认知变量的排序是与每个城市的社会经济、传统和非选举特点相一致的，并且可以判定哪一个自变量与因变量的形式相一致。当自变量和因变量的图条互相匹配时，无论是在每个城市还是在这四个城市中，那么这个所研究的特殊自变量会影响少数派权益的认知。如果一个自变量不能与因变量相符合，那么这个因素不会影响到领导者的认知。例如，白人领导者在缺乏政团竞争的城市中认知到少数派权益，那么这个因素作为解释白人领导者认知的变量会被排除。这种匹配的方法为另类解释提供了一种考察形式。

这个故事也说明，社区团体和政府可以彼此教育。东方社区议会教会了政府关于贩毒者使用付费电话来腐蚀周边邻居的方法，使政府能在全市范围内打击犯罪。反过来，市议会的成员可以让社区团体知道议题到达公共议程的途径，和政府如何选择政策，城市如何实施他们的法规。这些政治方面的教育，对社区议会在以后工作中遇到这样的有压力的议题时是很有帮助性的。

拉丁美裔人参与政治的特殊障碍

在这些城市中，美国黑人一般通过传统和额外选举的渠道来处理他们

第三章
对美国黑人和拉丁美裔人政策偏好的认知

的政事,并且程度比拉丁美裔人要大。① 学者之所以不能理解或者同意这些原因,是因为拉丁美裔人参加议会的人数较少。② 然而,在这项研究中,文献、访问资料和其他资源描述了一些特殊的障碍,拉丁美裔人必须克服这些障碍去参与政治和克服疏离感和分离感。

重要的历史事件激励着美国黑人涉足政治过程,但是却没有激励拉丁美裔人。在这些城市,美国黑人的政治约定源于国家传统和民权运动的非传统渠道,它在种族隔离制度上已经发展了几十年。③ 通过一个国家性的和高度可视性的民权运动,美国黑人创造、维持和动员了非传统资源,这些都很好地提高了对他们的权益的认识并增加了对他们的关注的反应。

许多被选举和任命的官员曾问我,如果当美国黑人和拉丁美裔人的领导者们就社团所关注的问题不能够达成一致时,官员们应当如何去了解少数人群的利益需求。如果没有这些社区组织和联合体委员会,布里奇波特市的领导者们会主张,少数人群组织内部和少数人群组织之间的分歧会使美国黑人和拉丁美裔人组织的居民们的利益需求很难得到理解。我的研究(多数人群派的领导者们对美国黑人和拉丁美裔人利益的理解,领导者们如何理解少数人群的利益,对美国黑人和拉丁美裔人政策关注的回应)强烈建议:在布里奇波特市的联合体委员会所做出的统一的意见使布里奇波特市的领导者们充分地理解少数人群的利益变得容易了很多。社区组织、社团组织和社会服务组织之间的联合对布里奇波特市领导者以往的主张程度起到了限制作用,布里奇波特市领导者以往主张,他们不能够与美国黑人

---

① 安吉洛·范肯,"波多黎各人和1988年纽约市的选举",见罗德福和路易斯主编的《从修辞到现实:1988年选举中的拉丁美裔人政治》(博尔德:斯特威尔出版社,1992);路易斯·帕克,麦克·琼斯和塔特,《美国黑人和美国人的政治系统》(第四版)(恩格尔伍德学校:普伦蒂斯·霍尔出版社,1998);路易斯·德西皮欧,《依靠拉丁美裔人的投票:拉丁美裔人成为新选民》(夏洛茨维尔:弗吉尼亚大学出版社,1996);汉斯·沃尔顿,《美国黑人的权力和政治:政治环境下的变量》(纽约:哥伦比亚大学出版社,1997)。

② 路易斯·帕克,麦克·琼斯和塔特,《美国黑人和美国人的政治系统》(第四版)(恩格尔伍德学校:普伦蒂斯·霍尔出版社,1998);路易斯·德西皮欧,《依靠拉丁美裔人的投票:拉丁美裔人成为新选民》(夏洛茨维尔:弗吉尼亚大学出版社,1996)。

③ 利普斯基,"对政治资源的抗议";莫里斯,《市民权利运动的来源》;庄,《联合行动和市民权利运动》;佩恩和劳森,《市民权利运动的争论》。

仅有选举政治是不够的：少数群体利益表达与政治回应

或拉丁美裔人所关注的问题达成一致。

通过民权运动，白人不仅仅更好地理解了美国黑人的权益，还认识到了美国黑人在美国所忍受的苦难。同样，这个运动教会了美国黑人政治的可能性和不可能性，以及政府给予最有帮助性的白人领导者的一些限制。一旦一个组织了解了另一个组织，强大的联合就会在美国黑人和一些白人领导者之间展开。这种信任有助于美国黑人在90年代能得到民主和政治权利、在70年代可以成为政治人员。

拉丁美裔人还没有完全发展非传统资源或者理解动用他们存在资源的可行性。拉丁美裔人缺乏像民权运动这类事件的经验，这就意味着，拉丁美裔人更有可能会把自己当作政治上的圈外人，而更不会去致力于政治圈。

在每一个城市，拉丁美洲领导人认为他们在政治进程中缺少经验是阻止他们完全地参与当地政治的一个阻碍。斯坦福一个拉丁美洲领导人坚信，"拉丁美裔人与政府不熟"。另一个认为政府威胁大部分的拉丁美裔人，并且这个城市一个杰出的白人领导者人声明，"拉丁美裔人没能把握住进入政界机会"。布里奇波特的一个拉丁美洲领导者也认为，拉丁美裔人的对美国被选举的领导者该做什么和不该做什么认识的不足增加了他们在面对政府和政治时的挫折，阻碍他们参与的程度达到了最大。

还有另一个阻碍拉丁美裔人参与和增加他们隔离感的因素。美国社会尤其是白种人普遍认为，美国黑人是占优势的少数组织，即便是在拉丁美裔人的社区以一个较高的速度增长的情况下。例如，电视节目和媒体会更加关注美国黑人。[①] 这些明显地把美国黑人当作首要少数组织的观点，会促进美国黑人的包含感，并间接地使这个组织能致力于政界。反过来，潜在地会使拉丁美裔人产生疏离感，他们认为自己在美国历史上是处在最被排外的地位。

城市领导人和政治系统因此会压制拉丁美裔人的政治活动。拉丁美洲

---

① 对于这一点，我要感谢莉莎·加西亚·贝德勒。

第三章
对美国黑人和拉丁美裔人政策偏好的认知

领导人必须克服政治系统中的惰性因素来认真地考虑自己的权益。① 无论种族和族群,现有的组织通常反对分享权力,因此把政治环境弄得对圈外人很排外。② 现任的领导人倾向于与美国黑人更多的合作,因为这个种族少数组织拥有独立的政治和种族来源,例如他们很想掌控的组织资源。③ 白人领导者和政党没有让拉丁美裔人参与,因为对外围组织的纳入动摇了现有的政治安排。④ 市领导者忽略了拉丁美裔人权益,部分是因为拉丁美裔人缺少他们想管理的独立资源。此外,市领导者的行动进一步促进美国黑人去组织,然而缺少关注却阻止了拉丁美裔人的涉入,并加重了他们的疏离感。

语言障碍也是使拉丁美裔人孤立于政治外的一个社会因素。⑤ 在每一个城市,至少21%的拉丁美裔人社区英语说得不好,然而美国黑人在这方面不超过1%。每一个拉丁美裔人社区至少有22%的人住在一个语言隔离的地方。然而在这个城市,只有不到7%的美国黑人住在这样的地方(表3.1)。拉丁美裔人在英语方面的困难阻碍了他们进入政治系统的道路。因为美国黑人能够与市官员和领导者很好地交流,他们可以较容易地进入政界,并

---

① 见施耐德,《半独立的人民》(纽约:温斯顿,1960);詹姆斯瑞哥拉多和格罗瑞亚·马丁内斯。

② 见肯尼斯(Kenneth),"城市政治中的黑人和西班牙人",载《美国政治科学回顾》(American Political Science Review)83 (1989) 第1期,第165 – 191页;简·曼斯布里奇(Jane Mansbridge),"黑人应该代表黑人吗?女人应该代表女人吗?一种情况是'肯定的'",载《政治杂志》(Journal of Politics)61 (1999) 第3期,第628 – 657页;肯尼·J. 维特比(Kenny J. Whitby),《代表的色彩:国会行为和黑人成员》(The Color of Representation: Congressional Behavior and Black Constituents) (安·艾博:美国密歇根大学出版社,1998年)。

③ 见米歇尔·约翰,《两个国家之间:在纽约市拉丁美裔人的政治困境》(伊萨卡 NY:康奈尔大学出版社,1995年);罗德尼·黑尔,《拉丁美裔人和美国人的政治体系:二元主义论》(费城:天普大学出版社,1992年);詹姆斯·詹宁斯,"两个城市中波多黎各人的政治:纽约和波士顿",见詹姆斯·詹宁斯和莫顿·里维拉主编的《美国城市中的波多黎各人的政治》(韦斯特波特,CT:格林伍德出版社,1984年)。

④ 见卡罗·思温,《黑人的脸,黑人的利益:美国黑人在议会中的代表》(剑桥,MA:哈佛大学出版社,1993年);大卫·卢步林,《代表的悖论:国会中的种族操纵和少数人群的利益》(普林斯顿,NJ:普林斯顿大学出版社,1997年)。

⑤ 理查德·兹斯勒,"布里奇波特市失去了其号称破产的名声",载《康涅狄格州法律论坛》,1995年2月27日。

仅有选举政治是不够的：少数群体利益表达与政治回应

且不容易有政治上的疏离感。

表3.1

2000年，布里奇波特市、沃特伯里市、斯坦福市和哈特福德市，美国黑人和拉丁美裔人说英语的能力的比较。

	布里奇波特市		沃特伯里市		斯坦福市		哈特福德市	
	美国黑人	拉丁美人	美国黑人	拉丁美人	美国黑人	拉丁美人	美国黑人	拉丁美人
英语说得不好的人口比例（%）	0.33	21	0.03	21	0.77	31	0.16	22
在家庭生活中只是用一种语言的人口（%）	3	23	2	22	7	34	1	25

资料来自于对2000人进行的调查。

除了国籍，拉丁美裔人仍面临很多参政的阻碍。在拉丁美裔人社区的每一个小群，也面临着针对于他们国籍的一些阻碍。国籍的多样化对这个研究是一个很重要的因素。在布里奇波特、沃特伯里和哈特福德，将近四分之三的拉丁美裔人来自波多黎各，然而在斯坦福，拉丁美裔人社区表现得更加多样化。

在90年代，在美国康涅狄格州的拉丁美裔人中波多黎各人的比例比任何一个州都要多。[①] 波多黎各人在政治参与方面有很多明显的障碍。许多波多黎各人认为选举已经不能满足他们的经济和社会需要，也不能为他们带来任何荣耀。[②] 在布里奇波特、沃特伯里和哈特福德，拉丁美裔人感觉政治系统对他们的关注程度是很低的。布里奇波特的一个拉丁美洲领导人说道：

[①] 埃德蒙·马赫尼，"美国联邦调查局仍然在调查腐败问题"，载《哈特福德市报》，2003年3月24日，A1版。

[②] 卡尔·哈迪·芬达和杰弗瑞·N. 格尔森（Carol Hardy-Fanta and Jeffrey N. Gerson）主编，《马萨诸塞州的拉丁美裔人政治：斗争，政策和前景》（*Latino Politics in Massachusetts: Struggles, Strategies, and Prospects*）（纽约：劳特利奇，2002）介绍。

第三章
对美国黑人和拉丁美裔人政策偏好的认知

"波多黎各人参与政治没有达到他们应有的程度,因为他们认为他们的投票不算数。"

基于他们本国经验而产生对政府的不信任,会阻碍一些拉丁美裔人参与本国政治。斯坦福国籍的多样性潜在地会影响到拉丁美裔人如何看待这一城市的政治系统。一些拉丁美裔人认为,来自美国南部和中部的拉丁美裔人对民主体制了解很少,并且对政府也很不信任。他们认为,在斯坦福这些问题会阻碍他们的政治参与的。一位政治领导人说:"来自拉丁国家的人们对政府抱有消极的态度。西班牙人认为天下乌鸦一般黑。"另一位拉丁美洲领导人主张:"西班牙人都是来自一些政客都很污浊的国家,因此他们不想参与政治。"在布里奇波特、沃特伯里和哈特福德的拉丁美裔人所经历的问题没有像在斯坦福那么深刻,因为在斯坦福他们中的很多人是在波多黎各这个民主共和国中接受的教育。斯坦福的议会领导者认为,对政府的不信任阻止了拉丁美裔人去参与城市的政治。一位选举出来的官员主张,拉丁美裔人对政府的不信任阻止了这些少数派来表达他们在斯坦福的政治思想,而另一位官员声称,拉丁美裔人是因为政治对他们的威胁才不参与政治的。①

拉丁美裔人可能也会害怕和避免这个政治系统,因为他们认为政治就是暴力和腐败。他们得出的结论是,参与政治会导致身体和财政都受到损害。基于他们国家过去的政治经验,许多斯坦福的拉丁美裔人在这个城市不会参与政府的任何一个阶层。包括选举拉丁美裔人代表,在市议会面前声明他们的权益,或者在公共部门找个工作等。

社团组织一般来说可以把被除外的组织和政府联系起来,然而因为他们缺少这样的组织又加剧了他们对政府的不信任。社区组织有助于拉丁美裔人来了解政府。在斯坦福,拉丁美裔人缺少额外选举渠道,意味着拉丁美裔人会继续误解和不信任政府。

---

① 琼斯·科雷亚,《两个国家之间》。

仅有选举政治是不够的:少数群体利益表达与政治回应

我不会埋怨拉丁美裔人缺少他们的代表,据我分析,拉丁美裔人的负担在于,美国的政治一般来说都会号召排外组织加入到内部组织。在非传统渠道中没有少数派的积极参与,领导人会忽略或者注意不到美国黑人和拉丁美裔人的利益的。非传统渠道可以使白人了解少数派的利益。目前,拉丁美裔人的社区让斯坦福的领导人感到头疼。如果拉丁美裔人的社区组织能够跨越社区与多数派之间的这个鸿沟,那么市政府就会更好地理解拉丁美裔人参与政治失败的原因。一旦多数派和少数派之间能够相互理解,那么更好的信任和更有力的联系就会接踵而来。

拉丁美裔人并非是唯一因为他们的政治经历而不信任政府的少数派组织。来自美国中南部的亚裔美国人和拉丁美裔人有同样的政治经历,对政府和政治参与有相似的态度。这两种人群,他们自己的国家都是腐败的政府,结果,他们比起非拉丁美洲白人和美国黑人会更少的参与政治。[①]

拉丁美裔人对政府的不信任以及无法完全在美国代表某一组织,以上这两点意味着只要拉丁美裔人远离政治,市领导人就不会对判定拉丁美裔人的权益上心的。领导者理解少数派利益意味着美国黑人、拉丁美裔人和其他的少数派面临一个特殊的重任,即:必须把他们的资源最大化,并且与每一个城市的政治领袖合作。飞利浦库姆斯以下的一段文字可以最好的概括斯坦福拉丁美裔人的困境:

>   在美国,对于一个小镇的新英格兰家庭来说是非常困难的,比如他们得适应在休斯敦和得克萨斯州的生活。但是对于来自乡下的拉丁美裔人、越南人或者韩国人家庭这就更加困难了。其他的事会使这一情况更加困难。在民主的天空下,那些生活在专制政权下的人们除了政治也需要文化和地位。此外,由于使他们流离的混乱形势以及接下来将要在难民营度过的时间,许多人在面对新环境时会有心理问题,这个心理问题被不很确切地称为学习障碍。在这里,父母和孩子都存

---

① 见唐·纳卡尼施,"下一个关键票?亚太美国人和加利福尼亚政治",见伯瑞·杰克逊和米歇尔·普勒斯敦主编的《加利福尼亚州的种族和民族政治》(贝克莱,CA:IGS 出版社,1991 年)。

在教育危机，因为父母担心如果他们签了允许他们的孩子踏上学校这一旅程，他们将会永远也见不到他们的孩子。①

这些有关社会和历史的文章使美国黑人更加接近领导人判定少数派权益的方法，却把拉丁美裔人越推越远。不同的社会和历史文章，及他们养成的独特态度，影响着领导者认识少数派利益的水平。在这一点上，我必须强调我正在研究其程度的问题。只是因为美国黑人的情况比起拉丁美裔人来对于代表更有帮助性，但这并不意味着美国黑人的现况就是乌托邦。我只是说在政事上美国黑人的环境要比拉丁美裔人的好。

传统解释的限制

内部组织依靠何种社会科学来描述外部组织代表的种种解释都没能详细地说明情况，在这些情况下，东北城市的领导者能理解美国黑人和拉丁美裔人的权益，在东北的这些城市采用非改革的政府结构并有较长的政治历史。在研究中，四个城市的这个情况说明，少数派选民的数量、美国黑人和拉丁美裔人描述的代表以及政党的竞争这些问题不会影响市领导人对少数派权益的关注，工人阶级白人和大量的市民也不会影响对少数派权益的关注。反而，美国黑人和拉丁美裔人在非传统资源上的掌控能很好地刺激这种关注。

---

① 援引自菲利普·姆斯的《教育的世界危机：八十年代的观点》（纽约：牛津大学出版社，1985 年），第 48 页。

第四章 对美国黑人和拉丁美裔人权益的反应

美国黑人和拉丁美裔人想让市领导者理解他们所关心的事，但是成为实质性的代表仍然是他们最终的目的。政府致力于选民权益的能力在代表民主方面仍然是重要的部分。在布里奇波特，领导人是最能理解少数派权益的，但是稀少的资源会不利于官员们对他们所关心的事作出反应。相比之下，在斯坦福大量的资源会顾及到美国黑人和拉丁美裔人的实质性代表，但是领导人缺少对少数派政策偏向的深入认识。了解政策和少数派领导人有助于决定是否教育和公共安全政策的当事人所要发展有利于少数派学生、拉丁美裔人和美国黑人关注的政治和项目。[①] 市领导人在政策进程中提高对少数派关注的程度，显示了他们对美国黑人和拉丁美裔人权益的反应。

教 育

每个城市的教育观点

在 1997—1998 学年，布里奇波特的总招生人数是 22166 人。美国黑人

---

① 教育和公共安全的领导者们包括教育和警察部门的人员、教育委员会的成员、警察专员和城市委员会成员中从事处理教育和公共安全问题的人员。

仅有选举政治是不够的：少数群体利益表达与政治回应

占了42.3%，拉丁美裔人占了42.4%，白人只有12.5%（见表4.1）。① 在哈特福德的学校系统中（共23175学生），拉丁美裔人占了52%，美国黑人占了42%，白人只占5%。在斯坦福，白人占了学生总数（14276人）45%的比例，美国黑人和拉丁美裔人分别占32.5%和18.5%。在沃特伯里的招生人数中，白人、拉丁美裔人和美国黑人分别占38%、35%和26%，在1997—1998这一学年总共有14775名学生。

表4.1

1997—1998学年，布里奇波特市、沃特伯里市、斯坦福市和哈特福德市学校系统的人口统计资料。

	布里奇波特市	沃特伯里市	斯坦福市	哈特福德市
学校录取学生总数	22,166	14,788	14,276	23,175
学校录取美国黑人学生的比例	42.3	25.7	32.5	42.1
录取拉丁美裔人洲学生的比例（%）	42.4	34.6	18.5	51.9
录取白人、非拉丁美裔人的比例（%）	12.5	37.9	45.4	5

在这四个城市中，布里奇波特拥有最高的学生和教师的比例，在1997—1998学年是16.7∶1。在全国及其他的城市，学生和教师的比例接近14∶1。在沃特伯里，学生与学校计算机的比率是11.1∶1，在哈特福德是7.7∶1，布里奇波特是6.9∶1，全国是6.4∶1，斯坦福是6.3∶1（见表4.2）。

斯坦福利用他的资源来提供学生教师、学生计算机的比例低，但是他的教师比其他的城市以及全国来讲经验要少。布里奇波特的学生教师配比、教职工经验和学生计算机配比上不及国家的平均比率。沃特伯里的学生与教学计算机的比例也要落后于国家的标准。比起其他城市的学校系统，哈特福德给学生配的计算机就更少了。

---

① 对于学校的统计是来自于康涅狄格州教育部门的。

第四章
对美国黑人和拉丁美裔人权益的反应

对于学术成绩，布里奇波特、哈特福德和沃特伯里的学生远达不到国家实际标准测试的要求。在布里奇波特，1997—1998 学年通过国家阅读、写作和数学掌握测试的学生中，四年级的占 7.3%，六年级的占 8.3%，八年级占 7.8%。在哈特福德，这三门课程四、六和八年级分别只有 5.2%、5.6% 和 6% 的通过率。沃特伯里的学生通过这三项考试也很困难，四、六和八年级的通过率分别是 11.1%、5.3% 和 10%。

斯坦福的学生在这三项考试中的通过率比其他城市要高（见表 4.2）。大约有 26% 的四年级学生通过这三项考试，六年级通过了 17%，八年级有 22% 的学生达到要求。虽然斯坦福的学生在成绩上超过了沃特伯里、布里奇波特和哈特福德的学校，但是比起国家的考试标准来还是要低。国家对这三个年级的考试标准分别是 32.8%、30.2% 和 36.4%。

表 4.2

1997—1998 学年，布里奇波特市、沃特伯里市、斯坦福市、哈特福德市和康涅狄格州各种教育统计资料。

	布里奇波特市	沃特伯里市	斯坦福市	哈特福德市	康涅狄格州
学生与教师的比率	16.7	14.2	14.1	14.2	14.6
学生中大学生的比率	6.9	11.1	6.3	7.7	6.4
平均每年的专业人员	14.8	16.2	13.5	15.2	14.9
通过国家组织的阅读、写作和数学部分的四年级学生（%）	7.3	11.1	26.3	5.2	32.8
通过国家组织的阅读、写作和数学部分的六年级学生	8.3	5.3	17	5.6	30.2
通过国家组织的阅读、写作和数学部分的八年级学生	7.8	10	21.9	6	36.4

每个城市教育的财政保障

在把当地税收用于教育上，斯坦福比起其他3个城市和国家的其他地区占有较高的比例。在1997—1998学年当地资金占教育资金的93%，而国家资金只占5.2%，联邦政府的资金只有1.7%（见表4.3）。平均来说，康涅狄格州的城镇把国家税收的63.2%用于教育，国家和联邦政府分别给予33.7%和2.2%。在布里奇波特，国家政府拨给69.5%的教育资源，给予斯坦福67.7%，沃特伯里占59.5%。当地税收投在教育上的比例在沃特伯里、哈特福德和布里奇波特分别占36.6%、25.3%和24.7%。

比起布里奇波特、沃特伯里、哈特福德和斯坦福在教育上要投入更多的资金，对于美国康涅狄格州的其他城市来讲，这两个城市的资金投入也是最多的。[①] 沃特伯里对教育的自己投入比较接近国家的平均水平，而在布里奇波特市对教育的资金投入比康涅狄格州其他的绝大多数城市要少。斯坦福和哈特福德用于总的资金开支和净开支、指导及管理方面的资金超过了康涅狄格州大多数其他的城市，这也包括沃特伯里和布里奇波特在内（见表4.4）。[②] 比如说在1997—1998学年，哈特福德为每一位学生的花费是10599美元，在斯坦福每位学生的花费是9684，沃特伯里是8600美元，布里奇波特对每位学生的花费是7814美元。美国康涅狄格州对每位学生总的教育开支平均为8786美元。哈特福德投入到教导方面的资金是6634美元，这比斯坦福的投入要高1027美元，比沃特伯里的高1473美元，比国家的平均投入还要高1513美元，比布里奇波特用于学生指导支出的资金要高1721美元。斯坦福用于管理方面支出的资金每位学生要比哈特福德高124美元，

---

① 总费用包括联邦的、州的和当地对教育的投入。
② 根据康涅狄格州的教育部门的"学校计划"、"每个学生得到的总支出，这个总支出是由某一地区的学校录取的当地的和非当地的学生以及去别的地区上学的本地的学生"。

第四章
对美国黑人和拉丁美裔人权益的反应

比沃特伯里高195美元，比康涅狄格州的平均支出高219美元，比布里奇波特投在这方面的资金高486美元。根据调查，布里奇波特在这四个城市中对每位学生在教育上的投入是最少的，并且比国家在这方面的平均投入还要少。

表4.3

1997—1998学年，布里奇波特市、沃特伯里市、斯坦福市、哈特福德市和康涅狄格州，当地、州和联邦财政提供的教育预算的比例。

	布里奇波特市	沃特伯里市	斯坦福市	哈特福德市	康涅狄格州
当地财政（%）	24.7	36.6	93	25.3	63.2
州财政（%）	69.5	59.5	5.2	67.7	33.7
联邦财政（%）	5.1	3.7	1.7	6	2.2

财政能力与反应

在哈特福德，政府忽略种族和少数民族的权益。在斯坦福，对美国黑人的权益有了一定程度的认识，但是仍然没有认识到拉丁美裔人所关注的事。然而，这些城市比起康涅狄格州的其他大多数城市，在教育上投入了更多的财政资源。相比之下，对美国黑人和拉丁美裔人的权益都达到了最高认识水平的布里奇波特市，比其他三个城市及全国的其他城市对每位学生的资金投入都要少。教育投资的不同支持了戴伊的观点，他认为即使市领导人没有认识到少数派的权益，他们仍然会对代表传统的排外组织的政策投入大量的资金。布里奇波特的领导人了解少数派权益，但是市里有限的财政能力会有碍于他们进一步关注美国黑人和拉丁美裔人的关注的。支出不能阐明市领导者在政策中是如何对待美国黑人和拉丁美裔人的。因此，接下来的部分会对市领导人对教育和公共安全的理解和反应的程度作出解释。

表4.4

1997—1998学年，布里奇波特市、沃特伯里市、斯坦福市、哈特福德市和康涅狄格州，每个学生的教育消费。

消费	布里奇波特市	沃特伯里市	斯坦福市	哈特福德市	康涅狄格州
总数	7,814	8,600	9,684	10,599	8,786
净消费	7,228	8,394	8,956	10,034	7,918
教导费	4,913	5,161	5,607	6,634	5,121
管理费	370	661	856	732	637

教育政策和少数派权益

布里奇波特的教育

对于拉丁美洲和非裔美国领导人来说，在布里奇波特的学校系统经历了某种严重的问题。拉丁美洲领导人抱怨连连，比如有太高的退学率，年级的人数太多、拉丁美裔人在教师职位的人数不足、熟练测试的成绩低、学校建筑不达标和教师薪酬低等。非裔美国领导者主要抱怨的问题包括，城市学校学生缺少纪律性，缺少高水平的老师和过硬的教学设备。

布里奇波特的教育领导者理解并回应了拉丁美裔人和美国黑人的批评。教育部门试图解决美国黑人和拉丁美裔人提出的每一个批评。作为学校副主管的玛利亚·梅伦德斯博士认为，拉丁美裔人正遭遇高退学率。[①] 城市正针对那些在还没毕业前就很可能离开学校的学生开展了一个项目。布里奇波特的公立学校对学生实施了另一个项目，并且给可能会退学的学生一个留在学校的动力。白人、美国黑人和拉丁美洲领导人认为公立学校是布里

---

① 玛莉亚·梅伦德斯，于1998年8月6日在布里奇波特市与作者会面。

第四章
对美国黑人和拉丁美裔人权益的反应

奇波特的教育系统主要的组成部分。

教育部门与阿斯比拉也有合作,这是一个拉丁美裔人的社会服务组织,目的是降低九年级的男性拉丁美裔人的退学率,而这部分人正是被城市认为是最容易退学的人群。阿斯比拉教育、教导和发展学生领导技能。① 布里奇波特增加了 35 间教室,但是空间和财政都限制着布里奇波特的教育系统。城市需要地方来建设新的学校,在上世纪就是年代,财政的衰退限制着城市改善学校以及维持学校的能力。结果,在这个时期内很多教育设备条件开始下降。

布里奇波特与阿斯比拉间的合作关系有助于减少城市的退学率。在早期,阿斯比拉试图与哈特福德市合作,但是被哈特福德市拒绝了。后来,阿斯比拉去了布里奇波特,在这里与这个城市间的合作在挽留退学的拉丁美洲学生方面有了巨大的收获。阿斯比拉在七年间帮助过 700 多名学生,在四年的时间里拉丁美裔人的退学率降低了 50%。布里奇波特比其他康涅狄格州的市级学校的退学率都要低。② 鉴于阿斯比拉在布里奇波特市所做工作的成功,在 1995—1996 学年退学率达到 23.4% 的哈特福德同意在 1999 年与阿斯比拉合作。③

在布里奇波特,美国黑人和拉丁美裔人在教育和管理职位上很欠缺,但是城市的教育部门很积极地从纽约市、马萨诸塞州、美国南部、波多黎各和其他地方招收美国黑人和拉丁美裔人教师。布里奇波特比起另一家费尔菲尔德学校系统来说给美国黑人和拉丁美裔人教师的工资要低,并且美国黑人和拉丁美裔人教师通常会到这个国家比较富裕的地方去赚更多的钱。

政策专家意识到,在布里奇波特教育系统中存在的另一个问题。在 1998 年的五月份和六月份,市议会的教育委员会的三名成员走访了多家学

---

① 编辑,"布里奇波特市的指引",载《哈特福德市报》,1998 年 4 月 13 日,A10 版。
② 瑞克·格林,"布里奇波特市让年轻人回学校的方法",载《哈特福德市报》,1998 年 4 月 8 日,A3 版。
③ 编辑,载《哈特福德市报》,1999 年 4 月 9 日,A14 版。

仅有选举政治是不够的：少数群体利益表达与政治回应

校做了一篇关于布里奇波特学校系统条件的报道。这三名成员会见了校长，参观了教室，并且向市议会报道了他们发现的问题。他们得出的结论是，布里奇波特需要弥补教育系统中存在的一些不足，并且重点要放在学校教职工、教学设施和物资上。① 这种直接接触的类型在其他城市是很少见的。

布里奇波特的教育董事会对在学校里对拉丁美裔人和美国黑人给予最高关注的观点非常理解。教育董事会的一位成员承认父母担心学生的安全，她说这个城市应在学校设置保安来缓解校纪的问题。② 要解决本市掌握测试的低成绩学校必须要专门请一位考试的监管人员，他可以负责提高学生的考试成绩。

社区和团体和社会服务组织发挥了重要作用，他会增加领导者代表这些群体利益的可能性。为了增加政府对他们的关注和注意，社区组织成为政府的拥护者和政治积极分子。城市居民会通过与市政府沟通的方式来使政治领导者关注他们的利益。团体组织也会通过这种方式使他们的利益需求更明显并且会促使民众的响应。他们联系政府和团体，但也经常会出现相互之间缺乏了解的情况。

政治领导者经常会寻求社区组织的帮助，因为在这个决策非常困难的环境中，他们的组织较容易作出决定。例如，在巴尔的摩，选举办公室会寻求社区组织的帮助来避免困难的政治决策。政治领导者寻求社区组织的帮助形成了政府和团体之间的互惠关系。这种互惠关系更进一步地增强了政治领导者和团体领导者的联系。

沃特伯里的教育

非裔美国领导人不喜欢沃特伯里的种族政策，这个政策需很多学生坐很远距离的车才能到达学校。即使这个政策可以促成综合性学校，非裔美

---

① 詹姆斯·麦克吉娜，"布里奇波特市城市委员会关于城市学校情况的备忘录"，布里奇波特市，CT：布里奇波特市城市委员会教育组，1998年6月27日。
② 纳西·霍尔尼亚克，于1998年在布里奇波特市与作者会面。

第四章
对美国黑人和拉丁美裔人权益的反应

国领导人仍认为它会导致非裔美国学生无法融入他们。美国黑人领导人还认为，美国黑人在教室岗位上缺少人员。拉丁美裔人抱怨拉丁美裔人的高退学率，并且他们想看到沃特伯里的教育部门能够雇佣更多的拉丁美洲教师和管理者。

沃特伯里的教育政策专家确定并试图解决几个，但并非解决所有的来自美国黑人和拉丁美裔人对市教育系统的批评。为了改善学校内的气氛，减少校纪问题，本市实施了一项有关着装的规定，就是要求学生们都穿校服。

拉丁美裔人在教育系统中的多动性给拉丁美裔人的退学率造成了强烈的负面影响。因为大量的拉丁美洲学生频繁地转学，这使教育部门有很多学生都找不到了。为了使这种情况好转，教育部门实施了一项计划，使这项政策让学生在一开始上学时的学校一直上下去，即使他们搬家搬到了这个城市的另一个学区。这项"在哪开始就在那上完"的政策使沃特伯里得教育部门能够追踪和检测到普通的学生，尤其是那些很可能会退学的学生。

沃特伯里的教育政策专家承认，在教育和管理岗位上很缺美国黑人和拉丁美裔人。他们声称，这是一个很难解决的问题，因为在教育领域缺少美国黑人和拉丁美裔人。对于学校的管理者而言，沃特伯里对美国黑人和拉丁美裔人教师是供不应求的。①

沃特伯里的教育政策，领导者没有意识到也没有对美国黑人和拉丁美裔人反对教育系统的批评作出回应。例如，沃特伯里没有一位教育政策专家认为美国黑人关心公车政策，而非裔美国领导人不喜欢本市的公车政策。相比之下，布里奇波特的政策专家承认和解决了本市教育系统中种族和少数民族的批评。

斯坦福的教育

非裔美国领导人抱怨本市严格的整合政策，这个使非裔美国儿童在斯

---

① 罗杰，于1998年8月5日在沃特伯里市与作者会面。

仅有选举政治是不够的：少数群体利益表达与政治回应

坦福中穿梭。少数派领导人尤其是非裔美国领导人想在他们的社区建学校，因为斯坦福的大部分学校建在远离种族和少数派居住的地方。非裔美国领导人也担心在教育和管理岗位上的人员不足。拉丁美洲领导人抱怨面对斯坦福的高生活消费，教师的工资不够高。

斯坦福的白人和少数派领导人在面对本市教育系统的问题上存在根本性差异。多数派领导人认为，斯坦福的教育系统可提高学生的考试成绩来与其他学校竞争。他们感觉本市在工资和福利上花费了太多的钱，并且他们认为教育系统雇佣了太多的管理人员。

斯坦福的领导人把他们的焦点放在改善白人抱怨的这些方面上。学校的管理者声明，对教育部门而言，斯坦福和其他附近城市的对比是非常重要的，因为人们根据本市的教学质量来决定他们的居住地。[1] 教育部门的公共事务官员说，事实上，每一位可能成为斯坦福居民的人都会把本市的教育与周边的其他繁华城市的学校相比较。[2] 因为这些人都会询问斯坦福学生的考试成绩，中介董事会会把斯坦福的考试成绩与其他的城市相比较，斯坦福修改了课程主要教授掌握考试中要考的科目。

教育政策的负责人声称，城市郊区学生的考试成绩部分已经超过斯坦福学生的考试成绩了，这是因为有1/3的城市学生没有接受过学前教育。没有接受过学前教育的学生比接受过的要明显落后。相比较，格林威治和新迦南是斯坦福两个较为富裕的乡镇。这两个地方几乎所有的学生都接受过学前教育，而市里只有64%的学生接受过学前教育。[3] 缺少学前教育在接受过这类教育和没有接受过这类教育的学生之间产生了距离。虽然学生在斯坦福的学校中转学没能使这个距离拉大，但是也没有缩小。本市的市长通过为所有斯坦福的学生提供学前教育的方式来拉近这一距离。[4] 斯坦福教育

---

[1] 米歇尔·纳斯特，于1998年8月13日在斯坦福市与作者会面。
[2] 萨拉·阿诺德，于1998年8月13日在斯坦福市与作者会面。
[3] 米歇尔·纳斯特，于1998年8月13日在斯坦福市与作者会面。
[4] 南希·波克，"斯坦福市在孩子四岁时提供上幼儿园的机会"，载《纽约时报》，1998年5月31日，康涅狄格州部分，3版。

第四章
对美国黑人和拉丁美裔人权益的反应

政策的领导者正在试图提高学生的考试成绩和减少教育上的差距，因为他们想让斯坦福成为一个有吸引力的居住城市，这也是白人领导者的主要政策目标。

学校的主管承认，美国黑人和拉丁美裔人教师的比例远无法达到有色人种和少数民族学生在学校里所占的比例。然而，他肯定了从1994年到1998年这四年时间里教育系统雇佣非裔美国和拉丁美洲教师的比率从7%提高到了20%。教育部门在南方的大学和纽约及波士顿的学院博览会雇佣了很多少数派的教师。学校主管和教育委员会主席还认为，在斯坦福的生活消费水平在一定方面也影响了少数民族教师来这个城市工作。① 斯坦福为双语教育项目和多样化项目聘请了管理者。此外，教育部门开展了许多研讨会来使他们的员工对斯坦福教育系统的多样性变得更敏感。

非裔美国和拉丁美洲领导人对斯坦福的竞争性学校整合计划抱有消极态度。美国康涅狄格州下达指令，本市有色人种和少数民族学生的比例不能高于或者低于本市少数派总体人数的25%。斯坦福的学生有50的少数民族。因此，根据这一指令，没有一所学校的少数民族学生能超过75%或者低于25%。斯坦福的教育理事会提出一项更加严格的计划。把25%的比例尺度调成10%。这项新的规定意味着少数民族学生在这个城市的学校中，比例不能超过学校学生总数的60%或者不能低于学校学生总数的40%。

这项学校政策说明，白人和少数派领导人对斯坦福的教育存在观点上的差异，并且城市的教育政策对多数派的政策偏向有利。10%的要求以及在少数派附近缺少学校这两点意味着，非裔美国和拉丁美洲学生要比白人学生走更远的路去上学。因为白人学生通常住得比少数派学生离学校近。非裔美国领导人同样认为，城市的整合计划会破坏美国黑人社区。他们经常抱怨住在同一小区同一层楼上的孩子却要去不同的学校上学。他们想问：

---

① 米歇尔·纳斯特，于1998年8月13日在斯坦福市与作者会面。

为什么不在美国黑人和拉丁美裔人居住的附近建几所学校？

据一位当地教育系统的领导说，本市之所以在美国黑人和拉丁美裔人居住地缺少学校，是因为斯坦福的领导们担心较富裕居民的孩子在公车政策下可能会搬到郊区去住。领导们声明，这项政策可以避免白人的舟车劳苦，并且这与斯坦福和郊区繁荣的教育系统竞争的教育哲学是保持一致的。

哈特福德的教育①

在哈特福德，教育政策也不缺少不足之处。学校不能为美国黑人和拉丁美裔人提供高质量的教育，而1999年拉丁美裔人和美国黑人在学校的比例接近95%。在哈特福德公共学校里，学生的考试成绩很差。在掌握测试中始终是最低的成绩。在1998—1999学年，哈特福德八年级只有7.9%的学生通过了读、写和数学考试，而在本国有40%的学生通过，在与哈特福德差不多的城市也有10%的学生通过了这三项考试。② 在1998年，18%的哈特福德公共学校毕业生未能找到工作，康涅狄格州的其他几个城市的毕业生只有9%的学生没有找到工作，国立高校的毕业生只有2%失业。

在1994年，情况变得更加令人绝望，因为在这一年本市聘请了一家叫教育备选股份有限公司的个人企业来掌控所有的教育系统。这家公司最终失败了，部分原因是因为来自教师团体的抵制和这个公司对预算和人事投入的不确定。③

当地政府拿回掌控权也没能改善教育系统。取而代之的是主仆政治、低考分、管理问题和学校系统两极分化。这些从没间断的问题，导致了家长和拉丁美洲和美国黑人领导人要求政府掌控本市的教育系统。为了回应

---

① 在这一部分里，我主要借鉴了伯恩斯的"康涅狄格州，哈特福德市的政府间政权和公共政策"。

② 关于哈特福市教育方面的数据，来自康涅狄格州教育部门的"学校计划"。

③ 切斯特·芬恩，"哈特福德学校赶走了EAI——恢复到原来的状态"，载《哈特福德市报》，1996年1月28日，D2版。

第四章
对美国黑人和拉丁美裔人权益的反应

公众的不满和现存的困境，康涅狄格州的教育行政长官用了10个月的时间分析哈特福德的所有学校。经过这段时间的分析，这位行政长官制定了一个48点的计划来改善哈特福德的学校。

1997年的春天，当推荐的新英格兰学校学院协会取消了对哈特福德公共高校的认证时，政府官员罗兰要求政府对哈特福德的教育系统实施直接管理。康涅狄格州的众议院和参议院以最大程度通过了这项接管的提议。来自两党的高级立法领导者也帮着为监管学校系统的理事会指派官员。

为了提高职能和改善管理，接管立法派了一个七人的理事会来负责哈特福德学校系统的所有事务。[①] 它的任务是州的教育行政长官和教育理事会每季度为政府和国家立法教育委员会提交发展报告。[②] 规定还要求新的理事会成员要采用专门的48点计划来改革哈特福德的学校。

教育领导者回应的决定因素

学者描述了为什么政府的人代表着少数民族传统的人解释不能为市领导者提高美国黑人和拉丁美裔人教育政策偏爱程度的理由。少数派选民的人数和表现也不能影响到市领导者对美国黑人和拉丁美裔人的反应程度。哈特福德是一个多数派对少数派的城市，拥有多数派和少数派共有的市议会，对他们的学生提供的教育是不够的。

政党竞争也不能影响到对少数派领导者教育偏见的回应。在斯坦福，经过调查，大多数政治竞争性城市不能提高少数派领导者的教育政策偏爱。相比之下，一党专制城市布里奇波特的教育领导者可以理解美国黑人和拉

[①] 康涅狄格州普通的集合，参议院1200法案：第97-4号特别行动，"一项关于哈特福德市公共学校和学校地区的行动"，哈特福德，1997年。

[②] 戴安娜·麦子科，"哈特福德接管法案"，哈特福德，CT：康涅狄迪格州普通集会，立法研究办公室，1997年4月16日。

丁美裔人的政策关注，并对之作出反应。

访问和政策资料无法支持戴的设想，戴认为具有高社会经济地位居民的辖区对外组织在最大程度上作出了回应。斯坦福拥有高社会经济地位的市民，有较好的财政力度，但是市领导者在教育上花费的资源的方式只对多数派的利益有利。斯坦福有财政能力在少数派地区建设学校，其选择并不是为了满足上层阶级和白人居民的政治偏爱，白人强烈的反对让他们的孩子走太远去上学。斯坦福为教育挪用了大量资金，但是很多管理和现行问题使学校陷入困境，政治领导人、父母和企业领导人要求政府来接管教育系统。最后，布里奇波特掌控了最少的财政资源，他的政策领导者明白并且解决了关于美国黑人和拉丁美裔人关注的问题。因此，除了传统渠道和市民的社会经济地位的其他因素，必须在总体上影响对美国黑人和拉丁美裔人政治偏向的接受力，尤其是对本市学生的接受力。

公共安全

公共安全包含对美国黑人和拉丁美裔人关注的另一个政治领域，因为警察主动雇佣美国黑人和拉丁美裔人的程度是政府对少数派利益代表的另一种指示。这里有一个分析，内容包含以下三部分，这些城市把大部分预算投入到公共安全的程度、警察部门和少数民族之间的关系以及提供进一步观察市领导人提高美国黑人和拉丁美裔人权益的公共安全政策的质量。

每个城市对公共安全的财政保障

哈特福德把 15% 的预算投到公共安全中，而其他城市的投入只有 8%。

沃特伯里、布里奇波特和哈特福德对警力的财政投入比斯坦福都要强。即使这些城市没有斯坦福资源充足,但是他们对公共安全的财政投入也不少于斯坦福。

布里奇波特的公共安全

上世纪 80 年代后期改革的结果是布里奇波特的宪章要求这个城市对警察主管展开一个全国性的调查。本市指派布里奇波特的第一警察主管托马斯·斯维尼从非本市的警察部门开始查起。在任命斯维尼为警察主管之前,布里奇波特的警察部门一直与本市市民维持一种对抗的关系,尤其是与美国黑人和拉丁美裔人。为了缓解这种对抗形式,斯维尼想通过指导社区来管理治安,但是他认为警察部门在实施此项举措之前必须要完成一些任务。

当斯维尼接管过本市的警察队伍时,枪击事件和汽车被盗困扰着本市。在整个新英格兰,布里奇波特发生凶杀案比例是最高的。[①] 斯维尼创建了一只当地汽车盗窃任务部队,这使本市的汽车偷盗案件由 5800 减少到 2100。此外,他帮助组建了一只歹徒任务部队,这支部队大大减少了凶杀案和毒品活动的发生。[②]

只要汽车偷盗和凶杀案恢复到可控制的水平上,斯维尼在周边案件高发区内实施社区治安管理。警察部门的社区服务单位通过寻找市民输入公共安全问题展开了这个项目,对高风险青年进行战略上的干预,联邦政府的资金项目,分配资金用来建设布里奇波特东部的社区治安管理,在这个地方居住着很大比例的美国黑人和拉丁美裔人。[③] 康涅狄格州还通过资助 20

[①] 国家预防犯罪委员会,"布里奇波特市的犯罪预防和社团监管"。
[②] 托马斯·赛维,于 1998 年 7 月 27 日在布里奇波特市与作者会面。
[③] 国家预防犯罪委员会,"布里奇波特市的犯罪预防和社团监管"。

位社区治安管理官员来支持部门的公民参与力量。社区服务单位让市民参加,尤其是美国黑人和拉丁美裔人。它提供一些服务,包括受害者资助项目、附近街区哨岗、市民巡逻和邻近地区回收项目。①

警察官员在社区治安管理区域要保持很好的形象,因为这些区域美国黑人和拉丁美裔人较多。他们出席街坊会议和非法律强制的相关社区事宜。官员与社区间的这种非正式交道,是官员与美国黑人和拉丁美裔人的关系更近了。首先,警察和社区知道他们互相在干什么,这种相互间的教育能促进公共安全和改善警察与少数民族之间的关系。

警察部门为了进一步改善与社区的关系,在1993年成立了一所市民警察学院,声明:"布里奇波特市民警察学院的目的,是通过训练来巩固社区与警察部门之间的良好关系。"② 警察部门用14周的课程来训练市民了解所有的治安管理程序,其中包括专业标准和犯罪调查。警察部门设计这些课程是为了教导市民警察经常遇到的事情,并希望这些课程能够使这些学员们成为友好大使。③

在斯维尼到来之前,布里奇波特缺少可以表达居民需求的社区组织。社区治安管理依靠市民来向警察通报遇到的麻烦问题,④ 认为是"没有社区就无法对社区进行治安管理",斯维尼意识到了这些团体的需要,他们可以交流他们关注的事情并且可以帮助实施公共安全服务。⑤ 他试图唤醒本市所有沉睡的社区组织并且加强它们的力量,这样高犯罪地区的居民才能为警察提供有用的资料来减少犯罪。斯维尼还认为,警察与社区组织居民之间的一些非正式的互动可以有效地减少少数民族与警察部门之间的紧张关系。警察部门在斯维尼和其他市政府的人来了之后开始了社区治安管理项目,这有助于振兴社区组织。街坊和社区的再现使警察部门可以频繁出现在有

---

① 布里奇波特市警察部门,《社团服务组织》。
② 布里奇波特市警察部门,"公民警察学院"。
③ 同上。
④ 关于社团监管的主要目的,马克·摩尔,"解决问题和社团监管:对于监管策略的初步评估",见默里和米歇尔·托尼主编的《现代策略》(芝加哥大学出版社,1992年)。
⑤ 援引自对斯维尼的访问,1998年。

第四章
对美国黑人和拉丁美裔人权益的反应

很多美国黑人和拉丁美裔人居住的社区内。

匪徒们对日益加强的警察和社区关系感到害怕。斯维尼想起了一些案例,在这些案例中,匪徒们在社区会议外面开枪来破坏警察和市民形成的新型关系。他告诉与会的市民坚持到底,社区组织表示赞同。这个故事阐明了斯维尼和警察部门是如何通过参与到美国黑人和拉丁美裔人中以及让他们知道自己在公共安全中的角色来赢得传统上排外组织的信任的。

当警察开始与本市的匪徒打交道时,越来越多的居民开始参加关于公共安全的社区会议。在许多情况下,会有200多名市民到会来帮助改善附近的公共安全。① 基于社区的组织把少数民族和警察联系起来,并促成了布里奇波特的社区治安管理。

要想在制定公共政策过程中更好地认识少数民族的权益,只有资金投入是不够的,还要了解制定政策的领导者是如何利用这些财政资源来对待少数民族利益的,在制定政策时对待少数民族利益又给予怎样的影响力。布里奇波特的警察部门所给予的关注使警察部门与美国黑人和拉丁美裔人之间培养出积极、良好的关系,而公共安全方面这种良好的关系对于少数民族领导者来说比实实在在的钱占的比重要大得多。领导人设计和运用政策的方式极大程度地影响到如何在制定政策过程中体现美国黑人和拉丁美裔人的权益。

今天,警察和社区组织在布里奇波特共同开展公共安全政策。社区组织为警察提供关于社会安全必要的信息。他们为警察与美国黑人和拉丁美裔人相互联系提供了一个友善的环境。警察经常会为孩子举办社区聚会。他们为少数民族社区解决关于食物的问题,通过这项活动他们为穷人们募集和发放罐装食物。社区警察帮助他们培植社区花园,并积极地处理枯萎的植物,还经常志愿帮助清扫巡逻的街道。在打扫完街道后,警方和社区

---

① 国家犯罪预防委员会,"布里奇波特市的犯罪预防和社团监管",2001年。

组织会一起野餐。社区警察还会帮助边缘儿童,他们指的是那些 11—13 岁极有可能会使用毒品的儿童。国家司法研究所报道,在布里奇波特警方已经开始帮助这些边缘儿童了。①

公共安全的改革极大程度地改变了警察与少数民族之间的关系。非裔美国和拉丁美洲领导人不再对布里奇波特的警察部门感到不满。他们都表扬斯维尼,因为他可以很合时宜地参加社区会议、教会和学校。② 布里奇波特的有色人种协会的主席认为,斯维尼对美国黑人的关注作出了回应,并对她的出席带来了一些潜在的问题。③ 拉丁美洲领导人也报道过,斯维尼和社区治安管理有助于改善拉丁美裔人和警察之间的关系。

沃特伯里的公共安全

在沃特伯里,少数民族与警察之间仍然维持着紧张的关系。在这个城市,警察的野蛮统治并不常见。1990 年,一个沃特伯里警察曾经野蛮地殴打了一位非裔美国男人,国家通过调查得出的结论是,这次暴力事件与种族有关。④ 对于这次事件,沃特伯里城市联盟的主席给出的结论是:"我们居住在 90 年代的伯明翰。我们的警察都没有管好自己,当地的官员也没有把这件事情做好。"⑤ 早在上世纪 90 年代,联邦调查局调查的 11 起警察暴力事件充分地说明了这一论点。

尽管少数民族的思想意识是非常激进的,沃特伯里的警察部门没有使市民改善公共安全及与美国黑人和拉丁美裔人的关系。本市缺少一种能使居民在公共安全中发挥作用的综合社区治安管理的战略措施。对于一位高层警官来说,在这种模式的公共安全改革发生之前,警察官员必须要改变他们的思想意识。未来城市公共安全战略杂志《21 世纪前沿》强调警察部

---

① 艾德乐·海伦,"介入高危青年",国家司法机构。
② 詹姆斯·霍尼斯,于 2000 年 11 月 12 日在布里奇波特市与作者会面。
③ 卡罗琳·娜汗,于 1998 年 6 月 30 日在布里奇波特市与作者会面。
④ 鲍勃·厚勒,"警察对少数人群的态度",载《波士顿环球时报》,1990 年 9 月 3 日。
⑤ 鲍勃·厚勒,"警察对少数人群的态度",载《波士顿环球时报》,1990 年 9 月 3 日。

第四章
对美国黑人和拉丁美裔人权益的反应

门需要根本上改变他们现有的治安管理政策。① 沃特伯里的警察官员首先的反应是寻求帮助，但是社区治安管理需要官员去积极地发现问题所在。为了让每一位警察能够实施社区治安管理，警察部门的官员需要把被动的方式改变为主动。改变这些官僚路线所存在的困难通常会阻碍公共安全措施的实施。② 本市建立了许多警察分局，但是这个城市的许多领导人声称，分局只会增加部门的支出。警察部门主管承认这些新的分局每周的支出要多于5000美元。③ 他认为城市建设分局并不合理，它们隔得太近，而且也不是移动性的，令这件事更加复杂的是警察部门在指导分局的工作期间，警察主管因不服从市长而被停职。但是，主管不服市长的停职决定，并与之斗争，最终官复原职。市民在公共安全中的这个例子说明了沃特伯里的政治领导人和司法领导人的脱节。

上世纪90年代中期建立的警察分局就相当于沃特伯里的社区治安管理组织。警察部门想通过分局让警察官员进入社区，然而沃特伯里不像布里奇波特那样，它不能把治安管理政策与这些分局联系在一起。此外，沃特伯里的警察主管也不像布里奇波特的警察主管那样，他既不支持也不去建立这些警察分局。

虽然少数民族领导人声称警察与美国黑人与拉丁美裔人的关系已经好转，但是沃特伯里的警察部门仍然沿用以前的方式来对待有色人种和少数民族。非裔美国和拉丁美洲领导人坚信，沃特伯里的警察队伍需要更好的训练。他们想让更多的社区成员进入警察部门，这样在部分程度上改善了警察对他们的态度。然而对于沃特伯里的公共安全领导者来说，警察部门正在努力招募少数民族警察官员。一位警察议员同样也是公共安全理事会的首脑，他说，当城市雇用新的警察官员的时候，会接触到美国黑人组织，

---

① 沃特伯里市，《21世纪前沿：沃特伯里市警察部门的计划》，1995年11月。
② 更多的关于社团监管的执行，见艾德伟·米斯，"社团监管和警察"，《关于监管的看法：国家司法机构的出版物，以及在哈佛大学关于犯罪审判政策和管理的项目》，1993年1月，第十五卷。乔治·凯琳和威廉姆斯·布拉顿，"社团监管的执行"，《关于监管的看法：国家司法机构的出版物，以及在哈佛大学关于犯罪审判政策和管理的项目》，1993年7月，第十七卷。
③ 爱德华·弗拉哈迪，于1998年7月28日在沃特伯里市与作者会面。

会在报纸上刊登广告,会在每一个可以找到美国黑人的地方发传单和小册子。①市长说,当城市考察这些新的警察官员的时候,他会去美国黑人和拉丁美裔人的俱乐部,他还说要给美国黑人和拉丁美裔人上课,会给他们做一些模拟测试,以增加警察部门少数民族的人数。

警察部门努力招募美国黑人和拉丁美裔人的不同观点说明警察和少数民族之间存在着很大的差异。虽然公共安全领导人声称,非裔美国和拉丁美洲领导人很明显地感觉到警察部门无视他们和他们的公共安全需要。对于少数派领导人来说,无论警察部门声称做过怎样的努力,警察都没有很好地帮助本市的美国黑人和拉丁美裔人的社区。

斯坦福的公共安全

斯坦福的非裔美国和拉丁美洲领导人认为,警察武装中缺少少数民族导致了少数民族与警察部门之间关系的紧张。在1997年里这种紧张局势变得更加严重,因为这一年警察部门没有晋升沃特·杨,他是美国黑人中级别最高的警察局副局长。斯坦福在解决警察部门与美国黑人和拉丁美裔人之间的敌对关系方面做得有些落后。而在上世纪70年代初,大多数的警察部门已经开始主动聘用市民进入警察部门,尤其是少数民族。斯坦福直到1998年才开始社区治安管理计划。②

城市领导人和政治系统因此会压制拉丁美裔人的政治活动。拉丁美洲领导人必须克服政治系统中的惰性因素来认真地考虑自己的权益。无论种族和族群,现有的组织通常反对分享权力,因此把政治环境弄得对圈外人很排外。现任的领导人倾向于与美国黑人更多的合作,因为这个少数种族组织拥有独立的政治和种族来源,例如他们很想掌控的组织资源。白人领导者和政党没有让拉丁美裔人参与,因为对外围组织的纳入

---

① 黛比·雷维斯,于1998年4月5日在沃特伯里市与作者会面。
② 关于早期对社团监管的研究,见 A. C. 格尔曼,"社团监管:一种评估",载《刑法学:犯罪心理学和警察科学》60 (1969),第89—96页;约翰·安琪儿,"对于传统的警察组织模式的改变:一种民主的模式",《犯罪心理学》,1971年8月/11月,第185–206页。

第四章
对美国黑人和拉丁美裔人权益的反应

动摇了现有的政治安排。市领导者忽略了拉丁美裔人的权益,部分是因为拉丁美裔人缺少他们想管理的独立资源。此外,市领导者的行动进一步促进美国黑人去组织,然而缺少关注却阻止了拉丁美裔人的涉入,并加重了他们的疏离感。

公共安全政策领导人接受了非裔美国和拉丁美洲领导人直接向斯坦福警察部门提出的批评。涉及聘用少数民族的警察部门局长被推倒风口浪尖,他说在警察部门聘用美国黑人和拉丁美裔人方面他们做得很失败。他推行了一项新的项目来聘用少数民族,警察部门积极地出席各种节日聚会、拜访临近的居民、到中学和大学去以此来吸引更多的美国黑人和拉丁美裔人到他们的队伍中。[1] 局长声称,少数民族对警察部门的不信任是存在的,并且他认为聘用更多的美国黑人和拉丁美裔人是解决这个问题最好的方法。1998年2月4日新上任的警察局长,想让所有警官都能够接触到社区的每一个角落。结果,在他上任的前七个月中,他推行了一项全市的社区治安管理策略。

斯坦福的社区治安管理的要点是区域责任制,这一举措可以使警察部门下放权力。警察局长说少数民族与警察之间越熟悉,他们之间的猜疑就越少。即使斯坦福采取了改善警察与美国黑人和拉丁美裔人之间关系的措施,但是在社区治安管理方面仍然比布里奇波特和其他的城市要落后。

哈特福德的公共安全

哈特福德警察和少数民族之间存在的关系也非常紧张。这种敌对关系在1999年4月份爆发了,因为一位白人警官枪杀了一位拿着一个手枪外形打火机的14岁非裔美国男孩艾昆·萨尔门。这件事发生后一周,500多人聚集在警察局,抗议警察部门对少数民族的残忍对待,尤其是在处理艾昆·萨尔门事件上。[2] 5月份,警方的拥护者和艾昆·萨尔门的拥护者

---
[1] 迪安·埃瑟曼,于1998年在斯坦福里市与作者会面。
[2] "鲑鱼案的关键时刻",载《哈特福德报》,2000年2月17日,A12版。

仅有选举政治是不够的：少数群体利益表达与政治回应

在警察募捐活动上发生冲突，两个月后波多黎各的拉科萨要求联邦检察官接管萨尔门市建委的调查。最后经过联邦政府、国家和本市的调查，杀死艾昆·萨尔门的警官被开除了。

由于萨尔门案件，非裔美国和拉丁美洲领导人发现，哈特福德警察部门无视1973年颁布的同意法令，这项法令规定了警察训练和使用枪支的严格步骤，以及该如何对待少数民族。① 这项法令禁止警察对不满18岁或者达不到判刑年龄的嫌疑犯使用枪支。这项法令还规定，警察部门在动用致命性武力对待犯人之前要三思而后行、全面调查所有涉及到动用武器的案子，并且要积极地吸收、聘用和提拔少数派警察官员。多年来，哈特福德的美国黑人和拉丁美洲领导人总是埋怨警察部门对待少数民族的方式和在警察部门中缺少少数民族的身影。他们一直都没有认识到还有一个法律文件，它可以为他们的权益说话，而这个文件已经存在了25年之久。

美国黑人联合组成的理事会、拉丁美裔人、基于信誉的法令和周边组织联合起来都支持这项同意法令。② 像这样的合作类型，尤其是在不同种族和民族间的合作，在哈特福德是很少见的。市议会不想再继续讨论这项同意令了，但是议员约翰·康奈尔在1999年11月22日把这个问题提到了议会日程上。有300多名当地居民参加了这个会议，第二天，市里同意聘请一位特别专家来检测本市的警察部门遵守这些同意法令的程度。在2000的3月，美国一位区法院的法官终止了市民和市议会所做的这一决定，并让一位民法律师取代了那位特别专家的位置。

在同意法令实施之前，市民几乎无法控制警察的行为。例如1992年6月底，哈特福德市议会一致通过了一项建立可以反映市民差异性的市民审

---

① 服罪判决书的信息来自于乔希·克夫那，载《哈特福德报》，1999年9月13日，B1版。
② 艾瑞克·维斯，"从城市的历史中获取经验的活动分子"，载《哈特福德报》，1999年11月25日，A1版。

第四章
对美国黑人和拉丁美裔人权益的反应

查委员会的提议。① 这个理事会的主要任务是审查市民对警察的投诉,但是惩罚的权力仍然在警察局局长的手里,所以这个理事会根本不会去处罚警察。投诉的目的并非是为了留下证据或者是为他们防守反攻提供证据,警察部门的主管也不必非要遵守理事会的提议。居民警察审查理事会就是一个市民可以大声说出他们对当地法律执行的不满的一个会议。

管理不当也同样使哈特福德警察部门陷入困境。布雷克报道是一位国家顾问对哈特福德警察部门综合和独特的审查报告,它解释道,本市没有为警察部门提供合理的人员和财政支持。此外,这个报告还报道,哈特福德警察部门的训练练习很不够,并且需要使他们的组织建设集中起来。② 这个有340页的报道中提出了160多项建议。③

基于布雷克报道所提出的建议,警察部门从社区治安管理岗位上撤离了一部分力量。而在这项研究之前,哈特福德警察部门聘用了57位官员到社区反馈部门,16位社区服务官员长期驻扎在哈特福德周边的17个社区内,并且控制着北部、南部和中部治安服务区。社区的官员向治安服务区汇报情况,而警察总部会向需要服务的社区配置治安人员。布雷克报道声称,治安服务区域系统为需要服务的社区指派官员时用的时间太长,并且每周的加班费就需要花费57000美元。对于哈特福德副市长的集中警力的新政策来说,有效地增加了效率,因为他可以一种很及时的方式来回应社区的需要,减少开支以提高效率。④

关闭了治安服务区域系统后,哈特福德收回了改善与种族和少数民族关系政策的承诺。在原来社区反馈部门工作的居民和治安官员们认为,治安服务区域系统有助于缓解少数民族与警察之间的紧张关系。一则新闻报道指出:"很多居民指责市领导者和警察局官员让社区失去了社区该有的治

---

① 市民回顾关于委员会的信息,来自伯恩斯和里斯的《对政治模式选择的评估》。
② 约翰·杰伊,犯罪司法学院,"哈特福德市的一项保险政策",载《执法新闻》,2000年1月15-31日,第1版。
③ 哈特福德市,"哈特福德市警察部门管理研究"。
④ 詹姆斯·莱特,于2000年7月24日在哈特福德市与作者会面。

安管理。这就意味着这是部门重建的结果。"① 北方治安服务区是一个以美国黑人为主的居住区域,主管这一区域的中尉说,美国黑人和拉丁美裔人"非常喜欢治安服务区域系统,他们喜欢这种立刻给出回应的方式。这一系统开放就会得到更好的和谐一致。社区组织对治安服务区域制度的改变表现得非常恼火。"②这种重组给居民尤其是美国黑人和拉丁美裔人一种如下的印象:警察不再把精力放在对社区进行治安管理上。

　　哈特福德的领导人和非裔美国及拉丁美洲的居民在理解社区治安管理的重要性上有极大的分歧。社区对治安服务区域非常认可,但是专家却建议改变这种治安策略。哈特福德显得与居民失去联系了,因为它只倾听专家的意见却忽略了来自社区人民的声音。这个在思想意识上的差距使我更加坚信哈特福德的领导人无视少数民族的权益。

公共安全领导者回应的决定

　　我们之前曾经研究过对传统的排外组织的回应是很重要的事情。在这项研究之前,我们曾经研究过一些变量,是关于政治和社会经济的。而这些变量却不能影响到领导人代表美国黑人和拉丁美裔人公共安全偏向的程度。少数民族人口的数量和少数民族的有效代表好像也不能影响到对美国黑人和拉丁美裔人政策偏向的接受力。哈特福德是一个多数派和少数派共存的城市,并且有一个有 2/3 的美国黑人和拉丁美裔人的市议会,却一点也没有为他们的市民提供足够的公共安全。而一个外来的顾问专家却让这个城市经受了 160 多项改革,而这些改革中的大多数加剧了少数民族与警察之间的紧张关系。

---

　　① 援引自伊丽莎白·霍尔,"警察的改变使社区组织担忧",载《哈特福德市报》,2000 年 3 月 15 日。
　　② 援引自嫚兹,于 2000 年 11 月 9 日与作者会面的交谈内容。

第四章
对美国黑人和拉丁美裔人权益的反应

肯断言说党派竞争决定了对外部组织的感受性，而我却没有找到有力的证据。布里奇波特是一个一党专制的城市，他的领导人能对美国黑人和拉丁美裔人的公共安全要求作出回应，而沃特伯里和斯坦福这两个城市都是政治竞争激烈的城市，他们的领导人在这个问题领域里对美国黑人和拉丁美裔人政策偏向却给予很少的关注。

一个城市的社会经济形象不会影响到对外部组织的感受性。只是因为一个城市在政策上花费较多，但这并不意味着城市领导人就能很大程度地代表美国黑人和拉丁美裔人的利益。虽然哈特福德在警察部门里指派并拥有很多少数派资源，但是在这个城市中少数民族与警察的关系还是相当的紧张。

访问和政策资料无法支持戴的设想，戴认为具有高社会经济地位居民的辖区对外组织在最大程度上作出了回应。斯坦福拥有高社会经济地位的市民，有较好的财政力度，但是市领导者在教育上花费的资源的方式只对多数派的利益有利。斯坦福有财政能力在少数派地区建设学校，他的选择并不是为了满足上层阶级和白人居民的政治偏爱，白人强烈反对让他们的孩子走太远去上学。斯坦福为教育挪用了大量资金，但是很多管理和现行问题使学校陷入困境，政治领导人、父母和企业领导人要求政府来接管教育系统。最后，布里奇波特掌控了最少的财政资源，他的政策领导者明白并且解决了关于美国黑人和拉丁美裔人关注的问题。因此，除了传统渠道和市民的社会经济地位，其他因素必须在总体上影响对美国黑人和拉丁美裔人政治偏向的接受力，尤其是对本市学生的接受力。

额外选举渠道和少数民族的感受力

社区组织的水平和特点增强了政策制定者对美国黑人和拉丁美裔人政

策偏爱的关注程度。在布里奇波特附近的组织存在一种能够使警察和少数民族能相互学习和理解的渠道。警察和附近组织相互交换信息，这就使警察能够对美国黑人和拉丁美裔人的权益作出很好的回应。通过这些附近组织的会议，对于他们对街上肆无忌惮的汽车、毁坏的街灯和毒贩的猖獗的投诉，警察能够静下心来仔细倾听了。

社区与警察部门之间的互动增进了少数派组织对警察行为的认知。布里奇波特东头主管社区治安管理的警察首长在对居民关注情况上改善了社区组织的治安策略，并取得了进步。这些信息使美国黑人和拉丁美裔人觉得警察更加有责任感。在以前少数民族对警察行为不理解的那个时代，他们是不可能认为警察有责任感的。

社区治安管理为少数民族和政府之间能相互学习提供了一个很好的例子。布里奇波特警察局局长帮助创建了许多街坊组织，因为他认识到了这些组织之间可以相互交流很多重要的公共安全信息。反过来，社区组织教会了警察关于美国黑人和拉丁美裔人社区的公共安全问题。少数民族和社区警察之间的互动有助于警察理解美国黑人和拉丁美裔人的权益所在。他还为在非对抗的情况下警察与少数民族之间的交流提供了可能性。在专业的模式下，警察之所以误会美国黑人和拉丁美裔人，部分是因为他们与少数民族的交流是在他们之间产生危机的时候进行的。治安管理政策的改变同样也使美国黑人和拉丁美裔人对警察有所了解。因为在社区治安管理模式下的警察一直是以一种非正式的形式与美国黑人和拉丁美裔人交流的，这样种族少数民族人民可以把警察当作是普通人在做他们分内的工作，而不会觉得他们是在耀武扬威。美国黑人和拉丁美裔人在专业模式中对警察形成了一种极度消极的思想意识，因为他们只有在对抗和被管制的情况下才能看见警察，在平时的日常生活中是看不到警察的，有的时候市民甚至会认为只要警察出现就没有好事。

而少数民族周边组织的存在为布里奇波特的公共政策产生了积极的效果，社区组织对于城市政策认识的缺乏使哈特福德的美国黑人和拉丁

第四章
对美国黑人和拉丁美裔人权益的反应

美裔人25年都没有发现还有一项同意法令在实施中。哈特福德的美国黑人和拉丁美裔人组织还发现，当他们和政府人员一起工作时，他们能够从市政府那里得到响应。这个城市缺乏长久和协调的作用限制了对少数民族利益的回应。如果少数民族拥有能够替他们表达对政策不满的组织，那么就不会像哈特福德那样会完全收回他们对社区治安管理的承诺。在沃特伯里和斯坦福，警察慢慢地对少数民族利益有了一定的反应，这部分源于少数民族缺少一个能明确的对另一个敌对的政治系统表达他们的关注的组织。

市民治安学院和社区治安管理还使得少数民族理解治安策略和治安上的缺陷。在与少数民族周边组织的会议中，布里奇波特警察使美国黑人和拉丁美裔人认识到了他们是如何工作的，他们必须使用的抓捕的方式，以及他们拥有的多样的治安管理力量。这种教育改善了少数民族与警察之间的关系，因为美国黑人和拉丁美裔人能够更好地了解警察所做的一切工作。

政策推荐

布里奇波特的方式昭示出，市领导者能采取一些步骤不只满足美国黑人和拉丁美裔人的关注情况，还能改善他们和少数民族之间的关系。城市部门需要致力于关注居民。他们应该让市民知道，他们在乎公共事宜。在布里奇波特，联合议会为市领导人了解居民关心的事，尤其是美国黑人和拉丁美裔人的政治偏向提供了一个论坛。

因为之前的政府一直反对和排外美国黑人和拉丁美裔人，种族和少数民族组织能够主动地了解为他们提供信息并给他们做出反馈的市代理组织。让少数民族了解政策可以影响少数民族对部门的关注程度，至少可以产生一种市领导人对他们的政策如何影响着美国黑人和拉丁美裔人表现的非常

仅有选举政治是不够的：少数群体利益表达与政治回应

关心的意识。在布里奇波特，社区治安管理能够成功的一个原因是，警察主管去少数民族居住地推广这一政策，在警察和少数民族之间产生了一种空前的信任。

少数民族和市政府部门之间的关系像教育和政治，如果这个城市雇佣了一个部门主管，他可以与少数民族在一起工作并制定出公共政策解决方案，那么这些关系也会得以改善。非裔美国和拉丁美洲领导人认为，布里奇波特的警察长官很好，因为他们认为他是个心胸开阔的人，其实布里奇波特的警察主管也很在意这一点。如果少数民族把警察主管当作是公平的，那么他们对警察主管的种族和民族就认识不够了。布里奇波特市少数民族与警察主管之间良好的关系阐明，公共官员的种族和民族属性对于美国黑人和拉丁美裔人来说可能不是重要的因素，只要这些官员能够以一种公平、诚实、能干的方式来履行自己的职责就行了。

市政府部门需要记录下居民关心的事情，然后制定政策来满足他们的这些需要。联合议会使布里奇波特的学校领导人了解到，少数民族领导人非常在意退学率、教室的规模、标准情况和教师的工资水平。反过来，学校系统制定了一些政策和项目来重点处理这些关注点。市领导者也必须要通知居民关于他们制定的满足人民需要的政策。联合议会使教育官员能够交流他们对布里奇波特居民的政治主动性。最后，市部门应该把居民的反馈意见也合并到政策中去。

在他以前写过的关于乡镇教育的书中，克拉伦斯·斯通描述到，社会改革可作为政策领导者认识问题的一个过程，重新调整政治的和其他的关系，并且把他们的努力制度化。[①] 这四个城市中的少数民族领导人，当他们意识到这会变革发生的时候他们赞扬政策，当他们认为政治领导人在这些步骤中一步都没有实现的时候他们开始批判政策。非裔美国和拉丁美洲

---

① 克拉伦斯·斯通，"介绍：政治环境中的城市教育"，见克拉伦斯·斯通主编，《改变城市的教育》（劳伦斯：堪萨斯州大学出版社，1998年）。我非常感谢马修·托马斯为我提供的关于斯通的著作与我这一章的研究之间的连接。

第四章
对美国黑人和拉丁美裔人权益的反应

领导人很看好布里奇波特的教育，因为政策领导人认识到了高退学率问题，且把他们的努力制度化，并通过建立公立学校来缓解这些问题。沃特伯里的少数民族领导人对学校系统持一种消极态度，部分原因是政策领导人忽略了学生上学的交通问题。斯坦福的教育政策使非裔美国领导人感到迷茫，因为政策领导人拒绝在少数民族居住的区域建设学校。哈特福德教育部门的低效性导致了非裔美国和拉丁美洲领导人要求国家来接管学校教育系统。

在布里奇波特，非裔美国和拉丁美洲领导人也能够积极地评价警察部门。在这里，社区治安管理在公共安全步骤中有了一点变化，并且从外市聘请了一位先进的警察主管来重新调整警察与少数民族之间的关系。相比之下，在沃特伯里，少数民族领导人质疑警察部门对美国黑人和拉丁美裔人的承诺。他们不确定警察队伍能够意识到少数民族的权益，并且他们也没有看到关系的重新调整的意向，比如像社区治安管理一样任用一位新的主管或者对付出制度化。斯坦福最近建立这种社会改革方式，并且在哈特福德，警察部门收回了对社会改革政策的承诺，而这项政策有助于改善警察与社区之间的关系。

第五章　美国黑人和拉丁美裔人如何获得政策的支持

人们意识到如果组织起来城市会以不同的眼光看待他们

——布里奇波特社区发展办公室的雇员

对于这一点，我的研究表明，非传统渠道增加了对美国黑人和拉丁美裔人利益的关心和接受，然而仍要提出的问题是，这些非传统的渠道是如何增强这种意识和政府支持的。一份对于桥港的调查报告有助于回答这些问题，因为美国黑人和拉丁美裔人利用非传统渠道来获得当地政府对于他们所关心问题的注意及采取的行动。

布里奇波特对政府的不支持

与不支持城市议会地区的斗争

在20世纪90年代的早期，布里奇波特政府忽视少数民族的利益，因而对其给予很少的关注。直到美国黑人和拉丁美裔人在他们所关注的问题上教育了布里奇波特的领导者，城市的领导者们才了解了少数群体的利益。

仅有选举政治是不够的：少数群体利益表达与政治回应

下面这个关于许多美国黑人和拉丁美裔人居住地区的不公正划分选区以及环境污染事件表明，在20世纪90年代早期，布里奇波特邻近地区和城市的少数民族人口未能获得联合政府的支持。

在20世纪90年代，虽然美国黑人和拉丁美裔人占了城市选举人口的46%，但是一个再分配计划产生了5个主要的白色人种城市议会地区：一个50%白种人地区，一个45%白种人地区，还有三个多数对少数地区。[①] 布里奇波特在每个地区选出两名议会成员，桥港公正代表联合会，一个公民组织，在美国地区法院提出诉讼声称这个再分配计划违反了1965年的选举权利法案，并且在数十年的时间里类似的政治选区划定都将少数民族的利益排除在布里奇波特政治之外。[②] 地区法院法官裁定支持原告并且命令其重新划定选区：两个美国黑人占多数的选区、两个拉丁美裔人占多数的选区、一个美国黑人和拉丁美裔人联合组成大多数的选区。法院也指导桥港在新选区内举行了一次特殊的选举。

在法院呼吁支持地区法院裁定之后，案件被诉讼到联邦最高法院，宣布选区需要相应地代表美国黑人和拉丁美裔人的利益。城市和联合会都同意按照地方法院所裁定的来重新划分选区，但是他们并不打算举行一次特殊的选举。[③] 美国黑人和拉丁美裔人在占多数的美国黑人选区和拉丁美裔人选区各自获得2个席位，同时白种人候选人在这些选区内获得2个席位。白种人在5个大多数白种人选区里总共获得10个席位。

垃圾山

也是在20世纪90年代的早期，布里奇波特东端，一个由美国黑人和拉丁美裔人组成了大约50%人口的地区，建造了一个1个街道长、35英尺高

[①] 乔治·格姆博，载《哈特福德市报》，1993年7月27日，B7版。
[②] 埃德蒙·马赫尼，"布里奇波特市警告不要形成选举的延迟"，载《哈特福德报》，1994年7月13日，C1版。
[③] 埃德蒙·马赫尼，"布里奇波特市重划选区诉讼解决；城市，少数人群达成一致"，载《哈特福德报》，1995年3月10日，A3版。

第五章
美国黑人和拉丁美裔人如何获得政策的支持

的非法的化学垃圾场,这里排出了大量的有毒烟雾。① 当地居民把这里叫做垃圾山,并说残渣排出了一种有毒的气味使他们不得不在酷暑下关紧窗户,消防局每周大约要去三次垃圾山来扑灭自燃引起的火灾。②

布里奇波特市声称,资金不足使移走这个垃圾堆变得困难,而且是国家拥有移走残渣的权利。美国康涅狄格州的总代理人认为,控制着危险废弃物转移的国家法律并不适用于这个案例;垃圾堆的拥有者坚持说破产使他们不能消除这些残渣。一个当地的牧师带领了 80 多支游行队伍来反对垃圾堆,杰斯·杰克逊来到桥港控诉这些残渣,称垃圾山为"傲慢与蔑视之山"。③

在持续了 5 年的法律斗争与抗议之后,国家付款 50 万美元、布里奇波特拨款 23.7 万美元来焚化垃圾山。因为垃圾场的所有者无力支付 86.8 万美元罚款,所以拘留他们一周。然而为了将精神损伤定为伤害,垃圾山按照当地居民在法庭上要求不焚化有毒垃圾堆的要求进行焚化。当地居民和环保活动者声称,焚烧垃圾山在布里奇波特和东端增加了一个已经不健康的环境。

工业社区

在旨在建立市民地位的联邦计划问题上,布里奇波特市甚至都会和少数民族发生争斗。1995 年,市政府申请联邦名称为工业区,这将为整个城市提供 8000 万美元。一个由政府、商业领导者以及社会服务及相近团体组成的联合组织支持布里奇波特市对于工业区的申请。然而联邦政府拒绝了这一申请,并把布里奇波特市命名为工业社区,这就意味着这座城市将只能得到为"工作培训、商业滞留与拓展、工程或者使邻近地区低收入者受

---

① 康斯坦斯·海斯,"瓦砾堆,喷出火苗,打扰了布里奇波特市的居民",载《纽约时报》,1991 年 11 月 8 日,B5 版。
② 康斯坦斯·海斯,"瓦砾堆,喷出火苗,打扰了布里奇波特市的居民",载《纽约时报》,1991 年 11 月 8 日,B5 版。
③ 援引自"Neighbors Hail Demise of Bridgeport Trash Pile"。

益的商业选址发展"的 300 万美元。① 社区团体领导人和其他忧心忡忡的市民控诉政府和商业在收到工业社区资金之前和之后都在排斥其他社区组织。第一个工业社区董事会无视这些社区组织，但是这个城市最终还是将社区组织团体纳入到社区合作中，成为第 50 个成员。

市政府与社区组织的矛盾是社区合作的一个主要特色。社区组织团体想在办公室建设上花费工业社区资金的 100 万美元，这将保留住其中的社区支持者职员。考虑到联邦政府仅提供给 300 万美元这个情况，市长拒绝了这个提案，并声称住房和城市发展部不会允许城市在行政上拨出如此多的资金。因为部门的坚持，市长重组了社区合作，没有允许社区组织加入。社区组织团体控告市政府，要求确保他们参与社区合作的权利，但是上级法院驳回了这个案件。最终，城市议会授予市长权力来任命一个新的 20 人成员的布里奇波特工业社区合作组织。市长办公室最终制定出了一个社区内驱力程序，通过这个程序，附近的组织具有优先制定并修改仅需要布里奇波特工业社区合作组织最终批准的计划的权利。

访问和政策资料无法支持戴的设想，戴认为具有高社会经济地位居民的辖区对外组织在最大程度上作出了回应。斯坦福拥有高社会经济地位的市民，有较好的财政力度，但是市领导者在教育上花费高资源的方式只对多数派的利益有利。斯坦福有财政能力在少数派地区建设学校，它的选择并不是为了满足上层阶级和白人居民的政治偏爱，白人强烈反对让他们的孩子走太远去上学。斯坦福为教育挪用了大量资金，但是很多管理和现行问题使学校陷入困境，政治领导人、父母和企业领导人要求政府来接管教育系统。最后，布里奇波特掌控了最少的财政资源，他的政策领导者明白并且解决了关于美国黑人和拉丁美裔人的关注的问题。因此，除了传统渠道和市民的社会经济地位的其他因素必须在总体上影响对美国黑人和拉丁美裔人政治偏向的接受力，尤其是对本市学生

---

① 援引自康涅狄格州秘书处，"社团的发展"。

第五章
美国黑人和拉丁美裔人如何获得政策的支持

的接受力。

现在特许市允许附近群体来决定投资哪些工程,因为社区组织是城市管理的重要组成部分。布里奇波特工业社区合作组织批准了多部分之前社区搁置的工程。例如,在城市的东边它接受了东边社区议会关于拨款来支持儿童俱乐部和青年空手道节目的要求;① 它也将资金分配给教堂来重修当地老年人住宅。相比20世纪90年代早期,在20世纪90年代的末期,附近群体形成了特许市的公共政策。

附近组织的创建

布里奇波特市附近组织和社区组织的形成主要是两个原因。创建附近组织是为了确保联邦资金的安全,而布里奇波特市对于社区所关心问题的不支持又促使了其他组织的增长。1992年布里奇波特市仅存在了很少的附近组织,而且这些组织也都很不活跃。在那一年,公安部组织了附近地区来获得联邦投资的附近安全地区行动奖励,这就要求当地政府来改善附近两三个地区的公共安全。作为授予的一部分,国家政府要求市政府在这些选举地区创建社区议会,它来提供社区警备办公室的资金支持。

在the Hollow,东端以及东边三个少数人口地区,公安部和城市社区发展办公室帮助其创建了社区议会。在他们附近地区组织的努力下,警方和城市社区发展办公室在每个附近地区确认且组织了众多的股东。这些股东散布在父母群体、教堂和社会服务组织中。布里奇波特市努力在能够帮助社区警备的股东们之间建立合作关系,正是因为这种主动性,布里奇波特市帮助创建起三个社区议会。

鉴于公安部和社区发展办公室帮助创建了社区议会,布里奇波特市在许多地区的不支持态度促使了其他社区组织起来。因为政治系统忽视他们

---

① 对于这些信息,我要感谢伊迪丝·迪亚兹。

所关心的问题，这些非传统组织就会忽视传统的政治程序，集中于战略上而不是进行选举动员来获得实质性的代表。在这个非改革的政府环境，美国黑人和拉丁美裔人领导坚信政府不管他们的种族，城市的政治领导者并没有理解或是代表他们的政策倾向。根据东边社区议会的主席所说："之所以创建社区群体，是因为到如今政府在于他们关心的问题上再做任何的事情都为时已晚。"①

社区群体的斗争

对于大部分以社区为基础的组织来说，布里奇波特市附近少数人的居住群体缺乏经验是不足为奇的，因为经济能力有限，这些附近地区群体经常寻求投资来源。许多附近群体也缺少充足的职员、组织能力以及必要的会员来获得经费，五六个附近群体大多都只雇佣一个职员。附近的居民经常限制社区组织的能力，因为他们不知道应该向谁来寻求帮助，同样的，附近群体的活动也不总是与那里的居民联系。

无力保证以及扩展自己的会员阻碍了社区组织的成功，使群体组织起来变得困难，社区组织群体不经常通过合作来确保经费，因为他们担心，如果另一个组织领导整个过程他们会得到很少的美金。尽管有这些不足，美国黑人和拉丁美裔人仍采用非传统的渠道来得到布里奇波特市政府领导人的支持。接下来的事例就阐明了在这个非改革的政府城市，额外的选举渠道是怎样帮助获得对少数民族利益的支持的。

城市领导人和政治系统因此会压制拉丁美裔人的政治活动。拉丁美洲领导人必须克服政治系统中的惰性因素来认真考虑自己的权益。无论种族和族群，现有的组织通常反对分享权力，因此把政治环境弄得对圈外人很排斥。现任的领导人倾向于与美国黑人更多的合作，因为这个种族少数组织拥有独立的政治和种族来源，例如他们很想掌控的组织资

---

① 玛莉亚·威莱，于1998年6月23日在布里奇波特市与作者会面。

源。白人领导者和政党没有让拉丁美裔人参与,因为对外围组织的纳入动摇了现有的政治安排。市领导者忽略了拉丁美裔人权益,部分是因为拉丁美裔人缺少他们想管理的独立资源。此外,市领导者的行动进一步促进美国黑人去组织,然而缺少关注却阻止了拉丁美裔人的涉入,并加重了他们的疏离感。

额外的选举渠道和支持

沥青工厂和支持

在布里奇波特市,社区组织网络和个别社区组织是为公共利益而工作的。组织之间合作的加大有力地表明了社区组织很少关注地方的利益,更多的注意力放在了作为一个整体的布里奇波特市的生活质量上。社区组织以及整个城市范围内的社区群体网络建立后,市政府加强了对少数居民区的理解与支持。在20世纪90年代早期,布里奇波特市滨海村庄和东端的居民大部分是美国黑人和拉丁美裔人,他们在这里建造了一个垃圾焚化场、一个污水处理厂、化学废弃物以及油驳船平台和油罐。尽管目前这些设备和硝石水平比国家水平高出三倍,但城市规划委员会想要在这些居民区建设沥青工厂。[①]

布里奇波特市滨海村庄和东端的社区组织与其他的社区组织联合了起来,以阻止沥青厂的建设。这种联合对于附近拥有不足的正式代表的居民起到了一种支持的作用,它让市政厅了解到附近居民反对市规划委员会的行动。

布里奇波特市的居民群体运用他们的知识将政治压力焦点和武力支持

---

① 杰瑞特·立奥塔,"有谁想要在沥青厂附近居住?"载《纽约时报》,1998年4月26日,第6版。

仅有选举政治是不够的：少数群体利益表达与政治回应

作为他们利益的目标，市规划委员会代表了一个目标。当委员会成员会面来支持建造沥青厂时，附近居民群体聚集了600多人到会。因为附近居民群体强烈的反对，限于这种压力，委员会放弃了投票。①

起初，在工厂的建造方面市长并未发表一个公开观点，但最后他认真地对待了这些社区组织，并提出了规划条例来严格限制公司建厂。附近居民群体的领导者们认为，市长在沥青厂争议上并未站在一个公共的立场，因为那些工厂的所有者都是支持市长竞选的。只有当他们清楚地意识到反对建厂时才会反对市长站在一个正式的立场上。市长声明对于工厂问题他不做任何的评论，因为他不想因此而影响被任命的市规划委员会的决定。

附近居民群体也将管理者和州立法定位自己的目标，并与其他城市同样反对建沥青厂的社区群体一起创建了联盟。他们迫使州立法考虑两年一次暂停对新沥青厂的建设。在全体一致同意下，康涅狄格州议会代表同意了这项提议，并且由政府官员签署。在法案签署仪式上，布里奇波特市社区组织成员站在官员罗兰旁。

东部（贫民区）的斗争力量

布里奇波特市的附近居民群体和社区组织不仅仅是阻止或是同意政府行为的否决团体，相反，他们与政府一起是美国黑人和拉丁美裔人居民区的实质性代表。在20时期80年代末期和90年代早期，猖獗违法的毒品活动、谋杀以及各种各样的其他犯罪困扰着布里奇波特市的东部，这个地区聚集着拉丁美裔人。郊区的居民到附近居民区购买毒品，毒品交易形势在这个地区非常紧张以至于在街道间竖起了混凝土屏障。② 1994年，因为前市

---

① 特雷西·戈登，"不在支持沥青厂；参议院批准措施，32-2"，载《哈特福德报》，1998年4月29日，A5版。
② 大卫·哈勃菲戈，"布里奇波特市的改革屏障"刊登在《纽约时报》，1997年2月7日，B1版。

第五章
美国黑人和拉丁美裔人如何获得政策的支持

长普莱塔帮助关闭了东部地区的一个教堂而遭到了流弹的袭击。[①] 为了回应这些问题,保罗、联邦代表克里斯多夫卡·罗素以及临近团体与宗教机构的联合体一起建立了东部斗争力量,以此来恢复居民区的生气。

市政府授予斗争力量征用的权力,这个联合组织建立了居民区停车场,重建许多废弃的公寓楼,拆除其他的来降低附近居民的密度。[②] 东部斗争力量也是一个曾被政府忽略的少数群体居民区利益的政治拥护者。由于联系拉丁美裔人与政府之间的联合体中社区组织以及其他角色的作用,政府因此增加了对拉丁美裔人的关注与支持。前市长和一个州代表为传统上被排除在外的群体提供了政治常识要点,联合体为居民区确立了一个统一的目标。

生活质量问题

邻近居民区群体的活动改善了美国黑人和拉丁美裔人社区的生活质量。被称为空心的城市中某个地区的中老年居民向邻近居民区社区议会抱怨难以忍受的噪音以及当地酒吧顾客扔到街道上的啤酒罐和啤酒瓶。之后,空心社区议会在下一次的公共安全会议上向警局以及消防部提出了这个问题。消防部和公安部主要领导人限制了酒吧顾客的数量,最终停止了制定违反健康行为的准则。这些额外的选举渠道使政府认识到居民问题以及城市机构利用居民区会议来获取社区注意的问题。警局和消防部因为对居民区问题的倾听和回应而获得了少数民族居民更大的信任。

一个少数人群的社会团体不能够真正存在。不管是美国黑人和拉丁美裔人还是白人都不能建立一个完全统一的组织。仅仅是因为这个政治体系排除了美国黑人和拉丁美裔人,根据民族和种族的利益,美国黑人和拉丁美裔人与白人并不意味着这两个组织会有相似的利益关注。根据尼古拉斯

[①] 弗莱德·木山特,"布里奇波特市的社区回到开始",刊登在《纽约时报》,1997年4月27日,康涅狄格部分。

[②] 同上。

仅有选举政治是不够的：少数群体利益表达与政治回应

·瓦卡所说，"拉丁美裔人和黑人之间分歧的存在是一个现实问题，即使有再多的伪装也不能够隐藏。"在他们之间斗争的众多原因中，其中一个是因为那些已经比较稳定的社会团体对新建的少数人群组织产生了反感，新建的少数人群组织会与已经建立的社会团体争夺稀缺的资源，竞争社会经济的得失，还会为选举他们自己种族或民族团体的成员进入政府部门而斗争。利益的差异和经济的衰退，也会增加组织之间的敌意，这并不一定是一个团体成员的数量增加或社会的多样性所导致的。

布里奇波特市的社区组织源于将观点反映到机构的组织，这个机构能够教育政府。因此，政府创立并执行了更多的回应政策，尤其是在公共安全与教育领域。

社区团体也与警察一起清洁并美化社区。许多社区组织至少每月的一个周六来清扫一次街道，在清扫结束后他们举行社区野餐，让居民与警察们进行互动。社区组织也确保了补助金来改善他们所打扫区域的人行道和建筑露台。在移走那些衰败的建筑后，他们建造了社区花园，那里种满了鲜花和蔬菜。

布里奇波特市社区组织的合作为少数民族社区提供了服务。地区年轻人药物滥用程序和布里奇波特市儿童倡导联合会与社区组织和统一议会一起来构建每个街道的资产。通过这种合作努力，少数民族社区有了托管帮助、家庭改善以及对年轻人的指导服务。[①]

在布里奇波特市，社区组织通过媒介来表达居民的利益，社区组织将他们的活动描述给当地的新闻机构用以释放压力。在一个案例中，一个有着毒品交易名声的公寓综合设施的新老板们寻求帮助，力图改变公寓以及这个地区的名声。在这个事件上，社区组织联系了媒体来向公寓和本地区宣布进行修正，当地报纸和广播站报道了这个事件。另外，为了阻止城市建造沥青厂，社区组织采取了保护策略来获得媒体的大力关注。布里奇波

---

① 合伙出版社，"CAN 时事通讯"。

特市的市长和州立法者只在新闻机构报道了这个保护策略后才开始反对沥青厂的建立。

正如永久的机构一样，社区组织的功能通过监视城市公共安全、住房、教育政策来关注政府的行为。他们熟悉政治程序是如何工作的，并将居民关心的问题呈现给政府。政府和行政知识相当重要，这是因为许多居民被疏远、无动于衷或是不关心政府程序。

社区组织的合作

如果社区组织要为少数民族利益提供支持，那么它们就必须进行合作。20世纪90年代，布里奇波特市的社区组织刚形成的时候缺少一个联系网络。因此，独立的社区组织不能与其他组织探讨投资机会或是创新的主意。一个主席议会的建立标志着合作迈出了第一步，这个议会主要由各个社区组织的主席组成。

这个主席议会逐渐形成了一个统一的议会，包括了20个代表城市不同地区的社区组织。它为社区组织机构和政府之间进行联系提供了一个集合场所，并且允许美国黑人和拉丁美裔人拥有一个全市范围的出席代表。议会有规律地举行，每年会发起四场会议来聚焦居民区的争端，比如荒芜、公共安全以及经济发展问题。这些会议使当地居民了解了他们能够与政府合作的方式，以及将市民关心的问题告诉了政府。例如，在会议的一个关于居民区与学校能否一起合作的广告中陈述道：

> 有时候社区感到他们的学校是荒凉的地方，充满了不懂礼貌的学生，热衷于使用毒品、性以及故意毁坏文物的行为——除了学习的各种各样的事情！从另一面看，学生和行政者看到了外面的荒凉，极度疯狂的抢劫者以及破旧角落的商店里处理毒品的暴徒。很显然，虽然很多人都相信，但没有一个描述是正确的或是公平的。有一个为这两个团体会见，分享真实的故事，并且找出如何一起合作来达到共赢的机会。讨论和陈述将集中在两个特别的话题上：与布里奇波特市各个

仅有选举政治是不够的：少数群体利益表达与政治回应

阶层的讨论小组成员一起探讨投入与公共安全的机会。①

统一议会的其中一项活动是建立一个时事通讯，能够使社区组织分享城市其他地区的活动信息。例如，东端议会的主席想在他的居民区清理一个充满碎屑瓦砾的开放场地。② 主席读后想要模仿在空心市社区发生的成功的清扫工作。完成这些清扫工作的空心社区团体和社区服务办公人员邀请东端主席来视察他们是怎样清扫居民区的。在每次如何清扫社区街道与每个地区上，他们给予东端主席清晰明确的指导。东端主席把这些技术带给了居民区的居民，居民们用这些技术移走碎片瓦砾并且改善了他们的生活质量。时事通讯也努力促进东部地区、东端以及西端社区议会结合起来为在居民区摆放长凳来获取资金，如果没有这种合作，这些居民区就不会得到补助金。时事通讯突出了每个社区组织的活动，包括每个团体领导者的姓名和电话；聚焦城市的各个地区。它也提供了关于节日、游行以及每个城市居民区的其他社区活动。

这个社区驱动的程序使当地居民成为政府政策的主人。市政官员经常将居民关心的问题融入到政策中去，因此在政府与市民之间就增加了一种信任意识。观察者注意到了布里奇波特市各种各样的股东之间的合作关系，正如1997年一家当地天主教报纸的编辑所报道的："政治家、警察以及学校和公民团体显示出一种新的合作精神来决心改善居民区。"③

少数民族利益代表对于非传统渠道的努力探索

布里奇波特市的经验告诉我们：在非改革的城市里要怎样组织政治活动来代表少数民族的利益呢？对于传统上被排除的团体，在少数民族团体中进行分割就会伴随着严苛的罚款。领导者们并不是因为接受少数民族所

---

① 援引自统一的新闻类传媒，"社区组织和学校会联合在一起吗？"布里奇波特市，1998年6月1日。
② 对于这方面的资料，我要感谢格罗瑞亚·戴维斯。
③ 援引自编辑社，《菲尔费尔德县天主教》，1997年9月。

第五章
美国黑人和拉丁美裔人如何获得政策的支持

关心的问题而闻名,他们有很多的借口来回避美国黑人和拉丁美裔人所关心的问题,特别是在少数民族团体分区以及他们之间。

在非改革的城市里,当少数民族掌握着组织资源时,政府领导者才代表诸如美国黑人、拉丁美裔人的利益。社区团体与社区组织之间相互作用与联合,使个别非传统渠道的请求权变得合法与清晰。当少数民族社区组织进行合作时,他们不仅表明代表社区利益的政府领导者支持他们的行动方案,也清晰地将少数民族的利益与政府联系在一起。当许多少数民族和非少数民族团体维护请求的时候,政策领导人更倾向于相信影响美国黑人或者是拉丁美裔人的问题。许多社区团体和社区组织坚持的观点增强了政策领导人对少数民族所关心的问题的关注。

图 5.1 解释了非传统渠道是怎样为拥有这些组织资源的团体提供实质性代表的。左边解释了额外选举资源的水平是如何增强团体利益的可视性,它也描述了少数民族和非少数民族团体以及社区组织之间的合作与联合是怎样提升对社区所关心问题的关注度的。图像的右边展示了少数民族社区团体和社区组织的服务供应对回应美国黑人和拉丁美裔人利益的影响。政府倾向于在实质上代表这些团体,这些团体提供本应该有却未能提供的服务。

额外选举资源、团体之间的合作联合以及由这些组织提供的服务的水平,是构成少数民族利益代表的关键部分。虽然更高的额外选举资源水平提升了团体所关心问题的可视性,但是当少数民族运用非传统渠道来与其他拥有额外选举资源的团体进行联合的时候,市政领导人认识到了他们所关心的问题(见图 5.1)。社区团体和社区组织之间的联合合作为市政领导者提供了一个关于少数民族利益的非常清晰的信息,而且他们使市政领导者相信社区团体的领导们是真正地代表着市政领导们所支持的团体的。

然而非传统渠道的水平和与其他少数民族团体之间的合作有可能会增加对美国黑人和拉丁美裔人利益的关注,他们不能确保会对这些问题进行

仅有选举政治是不够的：少数群体利益表达与政治回应

回应。当非传统渠道提供了城市本应该提供却没能提供的资源时，政府就会对少数民族利益作出反应。如果少数社区团体和社区组织为政府提供服务，城市领导者会相应地按美国黑人和拉丁美裔人利益来行事以作为报答（见图5.1）。

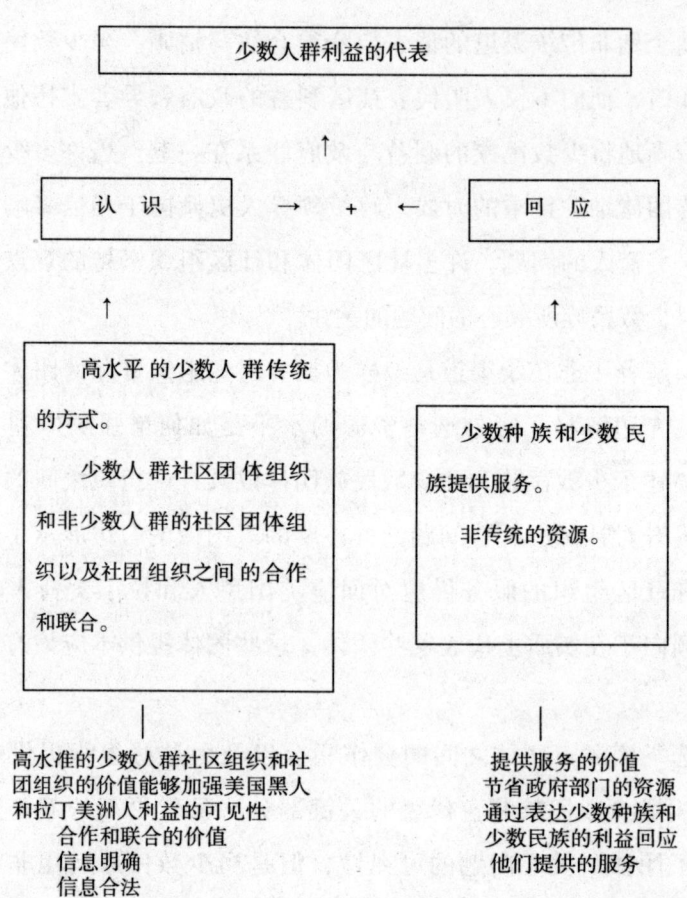

图5.1 如何运用非传统渠道提升对少数民族利益的认识与回应

布里奇波特市的经验阐明了东北部城市的少数民族利益代表是如何工作的。相比较而言，在布里奇波特市、斯坦福市和沃特伯里市，由于缺乏美国黑人和拉丁美裔人参加城市中的社会团体组织，这样的模式限制了社区团体组织有效地代表少数种族和少数民族利益的程度。例如，在哈特福德市的社区团体组织一直都非常关注本地区范围内的居民的利益，并且这

第五章
美国黑人和拉丁美裔人如何获得政策的支持

样的分歧限制了社区团体组织使领导者们加强对他们的利益关注的程度。在哈特福德市，少数人群他们主要是通过非传统的渠道来表达利益，但这些非传统渠道表达的方式缺乏联合性和统一性，这就导致了政府部门对美国黑人和拉丁美裔人的不了解。城市的领导者们经常利用各个社区团体组织之间的分歧作为原因，既不去解决美国黑人和拉丁美裔人所关注的问题，也不会去了解美国黑人和拉丁美裔人他们所关注的问题。在斯坦福市和沃特伯里市，拉丁美裔人是不会参加团体组织的，因为拉丁美裔人缺乏组成社区团体的资格和可能，美国黑人社区组织缺乏与白人领导者们之间必要的协调性，这样美国黑人社区组织就不能使白人领导者了解和关注美国黑人的利益。

我在这里主要的目标是，不会因政府没有注意或对美国黑人和拉丁美裔人等这些少数人群的利益代表作出回应而责备传统上被排斥的社会团体组织。美国的政府体系有一个时间非常久远的历史进程，在这个较长的历史进程中，美国政府从来都没有积极地去探寻少数人群的利益，更不会去代表少数人群的利益。在美国人的眼里，少数种族和少数民族的居民们只有在当他们完全按照美国政府的要求或者为政府部门提供生产资料时，少数种族和少数民族居民的利益才会被注意和接受。

第六章　城市政权理论和黑人利益的代表

政府对美国黑人和拉丁美裔人利益的反应并不均衡。在康涅狄格州调查的这四个城市里，领导者实质性地代表美国黑人利益的程度要比他们理解和从事的高。对拉丁美裔人和美国黑人的代表政策，四个城市之间的表现也是不同的。在其中三个城市中，领导人几乎不会了解和关心拉丁美裔人的利益问题，而在第四个城市中，他们则理解和关心拉丁美裔人的利益问题。在这些城市里，领导者们了解和代表美国黑人利益的程度是有很大变化的。在一个城市里，他们完全代表美国黑人的利益。在另一个城市，美国黑人可以得到程度相对较高的实质性利益代表。在第三个城市，领导者们适当的了解美国黑人的利益但他们不会去处理影响黑人群体的有关问题。在第四个城市，领导者们既不会了解美国黑人的利益也不会对他们的利益做出反应。

什么样的情况会影响领导者们对少数种族和少数民族利益的关注和反应？为什么领导者们在这些城市和城市地区内对黑人利益的代表程度有区别？领导者们怎么会对关注黑人利益的方式产生分歧？我们从这些区别中能够获得什么样的教训？

在未改革的城市中有较强的政治传统和白人统治的历史，黑人利益的代表不仅仅限于政治选举上。在这些背景下，美国黑人和拉丁美裔人必须控制大量的选举资源才能进入政府部门，才能获得政策的代表。在之前研究的基础上，人们不应该不见得非要期望美国黑人和拉丁美裔人掌握这些非传统的方式。布朗宁、马歇尔和泰伯强调对黑人的代表会强有力地影响

仅有选举政治是不够的：少数群体利益表达与政治回应

选举政治。① 另外，民间组织在传统上是排斥美国黑人的，并且许多美国黑人和拉丁美裔人因此对社区组织持消极的态度。② 虽然传统观点认为是这样的，但这个研究表明，美国黑人和拉丁美裔人使用非传统的方法来获得政府领导对他们的关注。

不同的政治模式和传统帮助我们解释了为什么莫勒科普不把布朗宁、马歇尔和泰伯的理论框架适用于纽约市。③ 在政府改革的城市，美国黑人和拉丁美裔人采用选举政治来表达他们自己，因为在这样的情况下政党不会对选举和任命的职员产生很大的影响。然而，在未进行过改革的行政辖区内，选举政治会限制黑人职员。较强的政治传统和政党，虽然缺乏竞争但经常会要求候选人支持政党的议程，有时候甚至会让美国黑人和拉丁美裔人职员赞同一个黑人选区所反对的议程。

在布朗宁、马歇尔和泰伯所在的城市，传统的方式也为少数人群提供了利益表达的渠道，因为改革限制了选举和任命官员使用政府作为任免工具的程度。相反，在东北地区没有改革的老城区，选举政治对少数人群利益的代表却很有限，因为不管是哪个种族的官员们都利用着政府的任免权来壮大自己的政治联盟和他们自己，而官员们并非是他们所有成员的忠实代表。改革的政府城市和未改革的政府城市之间的区别可以帮助我们解释，为什么在加利福尼亚北部的城市和佛罗里达州的部分城市能够影响黑人利益的因素，而在东北地区的未改革的老城市就显得无能为力。为什么像黑人组成人员数量的大小、具体的代表性、政治竞争和社会经济地位这些传统的解释不能够解释对少数人群利益反应的差异？

基辛格在20世纪90年代曾写过一本关于美国费城的书，他在书中提到在东北地区未改革的城市中，美国黑人选民的数量对黑人利益的代表产生

---

① 布朗宁、马歇尔和泰伯，《竞争是不够的》《Protest Is Not Enough》；巴顿，《黑人和社会的变革》。
② 托马斯，《市民和城市之间》。
③ 莫伦科普夫《纽约：仍然存在问题》。

第六章
城市政权理论和黑人利益的代表

不了太大的影响。① 在基辛格所著的《为城市祈祷》一书中，基辛格论证了费城市的市长伦德尔在处理种族关系方面是如何采取丰富的方式的。市长伦德尔知道一位美国黑人的市长候选人可能会通过分裂他本来就很脆弱的联盟使他在改选中失败。为了把选举的基础联合起来，他会向美国黑人拉选票并且他会毫不情愿地任命白人担任较高的职位，因为他害怕在以后的选举中遭受报复。然而，很多黑人选民都认为，伦德尔并不会实质性地代表美国黑人的利益。他们辩称，伦德尔市长把时间和精力都花在了市里和市中心的商人身上，对社区居民的关心程度根本就不够，比如犯罪和吸毒给予的关注程度就很少。② 当美国费城的黑人公开指责伦德尔对社区的问题缺少关心时，伦德尔市长却作出了回应，他提醒批判者们不要忘了他曾雇佣和任命了很多的美国黑人，这就是对他们的关注。③

少数人群的选举对传统上被排斥的群体带来了三方面潜在的好处：（1）被选上的少数民族或少数种族的职员会通过成为实质性代表他们利益的人员，他们会积极地制定对他们的成员有利的政策；（2）他们会像代表他们自己的成员一样具体地代表黑人的利益；④ 即使是象征性的代表，在少数人群成员的眼里，被任命的黑人官员们也会使政治体系合法化；（3）如果被任命的官员实质性地代表少数人群，那么在少数人群获得选举职位的城市中，对美国黑人和拉丁美裔人利益的反应将会增加。

这些有关社会和历史的文章使美国黑人更加接近领导人判定少数派权益的方法，却把拉丁美裔人越推越远。不同的社会和历史文章，及他们养成的独特态度，影响着领导者认识少数派利益的水平。在这一点我必须强调我正在研究程度的问题。只是因为美国黑人的情况比起拉丁美裔人来对于代表更有帮助性，但这并不意味着美国黑人的现况就是乌托邦。我只是说，在政事上美国黑人的环境要比拉丁美裔人的好。

---

① 巴兹·贝辛格，《为城市祈祷的人》（纽约：兰登书屋，1997年）。
② 巴兹·贝辛格，《为城市祈祷的人》（纽约：兰登书屋，1997年），第280页。
③ 巴兹·贝辛格，《为城市祈祷的人》（纽约：兰登书屋，1997年），第325页。
④ 皮特金，《代表的概念》。

仅有选举政治是不够的：少数群体利益表达与政治回应

具体的代表并不能充分地表达美国黑人和拉丁美裔人在未改革的城市的利益。对政党利益的反应并非总是直接等于对少数人群利益的接受能力。在东北地区的城市，我的研究显示，在选举和任命的官员赞成政党关注成员利益这一观点的地方，选举政治不会影响政府对美国黑人和拉丁美裔人利益代表的回应。在城市议会中，美国黑人的比例也不会影响政府领导者是否了解少数人群的利益或对少数人群的利益感兴趣。根据对许多调查对象所说，当双方发生矛盾时，被选上的官员往往会支持他们那一派政党的观点。

许多被选举和任命的官员曾问我，如果当美国黑人和拉丁美裔人的领导者们就社团所关注的问题不能够达成一致时，官员们应当如何去了解少数人群的利益需求。如果没有这些社区组织和联合体委员会，布里奇波特市的领导者们会主张，少数人群组织内部和少数人群组织之间的分歧会使美国黑人和拉丁美裔人组织的居民们的利益需求很难得到理解。我的研究（多数人群派的领导者们对美国黑人和拉丁美裔人利益的理解，领导者们如何理解少数人群的利益，对美国黑人和拉丁美裔人政策关注的回应）强烈建议在布里奇波特市的联合体委员会所形成的统一的意见使布里奇波特市的领导者们充分地理解少数人群的利益变得容易了很多。社区组织、社团组织和社会服务组织之间的联合对布里奇波特市领导者以往的主张程度起到了限制的作用，布里奇波特市领导者以往主张，他们不能够与美国黑人或拉丁美裔人所关注的问题达成一致。

许多被选上的黑人官员也是这样的，如果不是，那么官员与政治机构的联盟事实上就是他们所来自的团体。候选人通常都是必须经过一个政党的提名才能进入城市议会成为议会议员，而且要忠诚于提名的政党才能最终阻止少数人群领导者曾对黑人利益的实质性代表。

这个区域的焦点显示了，强大的政党是如何通过限制传统渠道的影响来影响少数人群利益的代表。在东北地区的大多数城市，政党会提名美国黑人和拉丁美裔人来担任市政的职务。政党为美国黑人和拉丁美裔人提供

第六章
城市政权理论和黑人利益的代表

市政职务的机会,则要求候选者对他们应当忠诚。如果被选举或任命的官员只顾他们自己成员的利益而忽略了政党的利益,那么他们通常在下一轮选举中就不会得到这个政党的支持,并且在许多东北地区的城市里,缺乏政党的支持就意味着竞选者的失败。

根据许多美国黑人和拉丁美裔人领导者所说,私人会议、补选和党章对被少数人群选举出来的代表起到了限制作用,限制了对选举他们的选民们进行实质性代表的代表能力。布里奇波特市的一位拉丁美裔人领导者曾说,许多从拉丁美裔人社团选举出来的代表"对于促进他们社区的发展问题并不是认真地对待,而这些被选举出来的代表,他们所关心的是自己的前途问题。"布里奇波特市的另一位拉丁美裔人领导者说,拉丁美裔人选举的官员缺乏对他们社区的影响力,这是因为选举出来的官员是政党选择了他们,而不是社团选择了他们,政党在这里才是起关键作用的因素。这位拉丁美裔人的领导者还说,拉丁美裔人的代表并不能够真正地代表拉丁美裔人的利益。

一位拉丁美裔人领导者认为,布里奇波特市的"政治进程伤害了波多黎各人,这是因为波多黎各人的社区已经与民主党相结合"。这位领导者又问道:"如果他们已经获得了波多黎各人的选票,那么为什么政治领导人又会把波多黎各人推上政治舞台?"还有一位少数人群的领导者说,拉丁美裔人的政治代表"需要得到添补,要不他们就会被孤立或者出局"。沃特伯里市的一位美国黑人领导者对美国黑人在选举官员中起到什么样的作用的争论中作出了非常到位的论述,断定"美国黑人是否能被选举为官员已经不再是这个社团面临的首要问题,而被选举上的官员对这个社区利益的代表程度和质量才是最重要的问题"。①

许多少数人群的被调查人员指出,他们需要的是那些在办公室里面看起来像他们的人。他们还争论到,美国黑人和拉丁美裔人了解他们社团的

---

① 胡比·威廉姆斯,于1998年6月3日与作者在沃特伯里市会面。

仅有选举政治是不够的：少数群体利益表达与政治回应

问题。然而，当谈论到具体的代表时，许多美国黑人和拉丁美裔人的调查对象都不希望政党的精英们去选择少数人群的候选人。而这些美国黑人和拉丁美裔人的被调查者也十分的清楚，他们想要选择一位已被选举出来的官员。美国黑人和拉丁美裔人表现出来了很大程度的关注，政党的领导者，他们知道美国黑人和拉丁美裔人需要具体事项的代表人，但他们必须要选择一个忠于政党而不是忠于他们社团的少数人群的候选人。

政党的竞争促使领导者们去追求美国黑人和拉丁美裔人的选票，这些选票都没有必要变为政策。在尚未进行改革的城市里，选票转变为有利位置的可能性要比转变为实质性表达少数人群利益的政策的可能性大。选票其实也缺乏透明性。在选举中虽然一位候选人战胜另一位候选人，但这也许并不足以传达他的利益需求，而且政策倾向于偏向他们选举出来的官员。① 一般的公众，特别是少数人群社团必须要寻找其他的途径，而不是仅仅采用选票的方式来让政治领导者们了解他们的政策倾向。

城市居民的社会经济地位并不能很好地解释在东部地区城市对少数人群利益的回应。在拥有大规模白人工人阶级人口的城市的领导者们并不能在很大程度上反对少数人群的利益。布里奇波特市是一个拥有大规模白人工人阶级人口数量的城市，布里奇波特市的领导者们在很大的程度上了解和回应了美国黑人和拉丁美裔人的利益需求。

富人集中的城市的领导者们对美国黑人和拉丁美裔人利益关注的回应可能性非常小。② 拥有较高社会经济地位的白人并不会倾向于认同少数人群的利益，部分是因为这些行为仅仅是停留在好的愿望上，并不现实。如麦迪逊在《联邦主义者》（51）中所写："如果人们都是天使，那么城市就没有存在的必要了。如果天使来管理人们，那么对政府的外部和内部的控制也不是必要的了。"制宪者强烈地提出理由证明，他们并不会把这种好的意

---

① 关于这个课题更多的信息，见罗伯特·达尔，《民主理论的前言》（芝加哥：芝加哥大学出版社，1956 年）。

② 援引自克林顿·罗西特，《联邦党人文集》（纽约：新美国图书馆，1961 年）。

第六章
城市政权理论和黑人利益的代表

愿强加给政府,这是因为这样的一个政府需要像天使一般的人去管理他。同样地,布朗宁、马歇尔和泰伯都认为,自由的多民族的管理组织已经被解散了,因为这些政党都开始完全依靠好的意愿而不再以政策为基础了。① 当社会团体内的党派缺乏共同的利益时,那么两个种族和多个种族的联合就失败了。② 如果传统的渠道并不能有影响性地表达少数人群的关注,那么少数人群又如何影响政府呢?

非传统渠道的影响

美国黑人和拉丁美裔人利用非传统的资源获得了他们的政策目标,这是因为通过强有力的政治渠道仅仅只能对美国黑人和拉丁美裔人的利益代表作出非常有限的回应。更重要的是,美国黑人和拉丁美裔人控制的组织资源的水平和特征会影响到政府的感知能力。在布里奇波特市,少数人群掌握着较高水平的非传统渠道,这意味着社区团体、社团组织和宗教机构,也包括其他的组织存在于在布里奇波特市的各个地方,这些地方也有许多的种族、民族和阶层。

非传统渠道的水平是组成少数人群利益代表机制的唯一的必要性因素。在哈特福德市和沃特伯里市,美国黑人和拉丁美裔人控制着大多数的社会团体组织和社团组织,代表了许多居民的利益。与这些非传统渠道一样,这些城市的政府一直都缺乏对少数人群利益的关注和回应。因此,其他的因素必定会影响政府对美国黑人和拉丁美裔人这些少数人群利益的回应。

非传统渠道的特征是值得注意的。在布里奇波特市,合作是指社区团

---

① 鲁弗斯·布朗宁、戴尔·米歇尔和大卫·泰伯,《政治联合已经达成了吗?足够吗?》,见鲁弗斯·布朗宁、戴尔·米歇尔和大卫·泰伯等著的,《美国城市的种族政治》(第三版)(纽约州白原市:朗文出版社,1997年),第十三章。
② 见拉斐尔,《黑人和白人的政治:洛杉矶的种族和权力》(普林斯顿:普林斯顿大学出版社,1993年)。

仅有选举政治是不够的：少数群体利益表达与政治回应

体、团体组织和宗教机构的联合。白人、美国黑人和拉丁美裔人组织联合起来向政治领导者们，被任命、被选举的官员和城市的官僚们表达对少数人群的关注，这种行为使组织要求利益的合法性增强。

贯穿整个社会的团体联合体构成了布里奇波特市非传统渠道的重要特征。构建和维持这个联合体为少数人群团体提供了内部和外部的利益。在外部，联合体为少数人群传达了透明和合法的声音，这种影响教育了多数派的领导者们要关注居民的利益。提供的服务和生活质量的提高是联合体提供的其他的外部利益。在内部利益上，联合体使信息在各个团体之间可以共享，这样就可以使少数人群团体能够更好地使用稀缺的信息资源。

社区组织的联合委员会可以代表美国黑人和拉丁美裔人的利益与布里奇波特市政府进行谈话。这个委员会根据相似的问题和利益设立了一个合作体。与布朗宁、米歇尔和泰伯的观点一样，我认为对少数人群利益的回应在一定程度上依靠美国黑人、拉丁美裔人和白人针对某一共同问题的联合程度。[①] 与布朗宁、米歇尔和泰伯的观点不同的是，我发现少数民族和少数种族采用非传统的渠道而非选举的方式来使自己的利益代表得到不断的改进。

布里奇波特市的少数民族和少数种族与其他城市的少数民族和少数种族的重要的区别，就是在布里奇波特市采用的是非传统渠道的联合使用。联合体委员会就某个相似的问题将各个行政区域的团体组织在一起，把少数种族和少数民族的利益关注明确地表达给布里奇波特市政府。联合体委员会将会统一口径向布里奇波特市的领导者们表达关于教育、生活质量和公共安全的问题。在哈特福德和沃特伯里市（这些城市采用了大量的非传统渠道），美国黑人和拉丁美裔人缺乏布里奇波特市所拥有的联合体。

[①] 鲁弗斯·布朗宁、戴尔·米歇尔和大卫·泰伯，《政治联合已经达成了吗？足够吗？》，1997年。

第六章
城市政权理论和黑人利益的代表

城市领导者们经常谈论，社会团体之间的分裂妨碍了他们对少数人群利益的理解与回应。许多人说，如果美国黑人和拉丁美裔人不赞同这些问题，那么他们就不会关注少数人群的利益。其他城市的领导者们认为，他们不能仅仅只追求一个少数人群派别的利益以免另一个派别的其他成员会反对他们。针对此事，许多美国黑人和拉丁美裔人声称，城市官员们反对少数人群的利益，并且经常会采用分裂他们的组织的方式为理由，忽略对美国黑人和拉丁美裔人团体的关注。

一个少数人群的社会团体不能够真正地存在。不管是美国黑人和拉丁美裔人还是白人，都不能建立一个完全统一的组织。仅仅是因为这个政治体系排除了美国黑人和拉丁美裔人，根据民族和种族的利益，美国黑人和拉丁美裔人与白人并不意味着这两个组织会有相似的利益关注。根据尼古拉斯·瓦卡所说："拉丁美裔人和黑人之间的分歧的存在是一个现实问题，即使有再多的伪装也不能够把它隐藏。"① 在他们之间斗争的众多原因中，其中一个是因为那些已经比较稳定的社会团体对新建的少数人群组织产生了反感，新建的少数人群组织会与已经建立的社会团体争夺稀缺的资源，竞争社会经济的得失，还会为选举他们自己种族或民族团体的成员进入政府部门而斗争。②利益的差异和经济的衰退，也会增加组织之间的敌意，这并不一定是一个团体成员的数量增加或社会的多样性所导致的。③

詹宁斯主张，当少数人群成员致力于对社区和人民的政策有利时，当少数人群成员提供援助或与其他少数人群组织成员共同工作时，少数人群

---

① 尼古拉斯·维克，《指定的联盟：拉丁美裔人和黑人之间无言的斗争，对美国人意味着什么》（纽约：哈珀·柯林斯出版集团，2004年），第186页。
② 考夫曼，《城市选举者》，第八章；詹姆斯·杰宁斯，《波士顿的黑人，拉丁美裔人政治：城市政治的问题和经验》，见卡罗和杰弗瑞·盖尔森主编的《马萨诸塞州的拉丁美裔人政治：斗争，策略和前景》（纽约：劳特利奇出版社，2002年）第十一章。杰宁斯对这些解释进行了批判，因为他们忽视了少数人群联合的这种情况。
③ 考夫曼，《城市选举者》，第八章。

仅有选举政治是不够的：少数群体利益表达与政治回应

就为他们之间的合作打下了良好的基础。① 对于经常有分歧的白人居民来说，分裂并不是他们最关心的事，这是因为政府需要迎合白人的需要和利益。与之相反，在美国黑人和拉丁美裔人之间的联合体是对少数人群利益代表的一个重要的组成部分，这是因为城市政府把存在分歧作为不去表达政策关心的一个原因，而这个政策的关注会影响到少数民族和少数种族人民的利益问题。例如，在美国马萨诸塞州的劳伦斯小镇，一部分拉丁美裔人之间的分歧点在于是否阻止了他们获得实质性的利益代表。② 根据沃特伯里市、哈特福德市和其他一些城市的许多领导者们所了解，美国黑人与拉丁美裔人之间的斗争和分歧使他们不能够清楚地了解少数民族和少数族群人民所渴望获得的关注。在布里奇波特市，当地政治领导者们想要陈述上述意见也受到了联合体委员会的限制。

非传统渠道的资源有一个为了保证对自己的利益准确进行表达的特征，而这个特征并不是联合体的唯一特征。因而联合体加强对少数人群利益的关注，这也是为了得到关注少数人群利益的回应，少数人群必须要使用非传统的渠道，因为这些渠道能够提供服务和资源。政府不能只是简单地对少数人群的利益作出回应，这是因为政府非常了解美国黑人和拉丁美裔人对利益的关注方面。政府积极地响应为社会提供服务的社会团体，因使而政府节省了自己本城市的资金。这种非传统的渠道也对政府政策的良好实施起到了辅助作用。有很多例子可以证明这一点，如城市的领导者们为了能够获得非传统渠道的资源，他们对少数人群所关注的利益问题作出了积极的回应。

---

① 詹姆斯·杰宁斯，《波士顿的黑人，拉丁美裔人政治：城市政治的问题和经验》。
② 威廉姆·林克德，《拉丁美裔人政治的成功和联盟：劳伦斯》，见卡罗和杰弗瑞·盖尔森主编的《马萨诸塞州的拉丁美裔人政治：斗争，策略和前景》（纽约：劳特利奇出版社，2002年，）第三章。

第六章
城市政权理论和黑人利益的代表

城市的社会制度理论的实施和社会资本理论

城市的社会制度理论[①]

城市的社会制度理论和社会资本理论的各个因素能够帮助我们解释在没有经过改革的政府的城市里,少数民族和少数种族人民是如何利用非传统渠道的方式获得对利益关注的回应的。在资源稀缺的大环境下,社会团体组织提供了非常珍贵且有价值的服务,并因此为政府节省了很多时间,精力和资金。社区组织也使城市的政府获得了好处,这是因为社区组织的工作促进了社会的公共安全,改善了城市的形象,增加并改进了提供的社会服务的质量。城市获得了社区组织提供的服务,以此为前提,城市政府的领导者们对那些掌握了大量选举资源的选民们表达出了政策上的关注。

城市社会制度是由一些非正式的但是却十分持久并稳定的联盟所构成,这些联盟为当地的社会团体组织作出了非常重要的政策决定。[②] 不像彼得森那样,社会制度理论家认为并非仅仅只是结构性的状况,城市管理联盟的成员,这些城市之间的相互作用形成了本地的政策。[③] 根据社会制度理论,政府的权力并不能使本地被选任的官员具备一种能力,这种能力可以完全满足各个阶层公民的合法利益和需求,因为城市的运行是受到社会的稀缺资源限制的。因此,掌握着稀缺资源的政府是缺乏完全满足各个阶层公民

[①] 这一章关于政权理论中重要的部分,来自于伯恩斯的《康涅狄格州哈特福德市政府间的政权和公共政策》以及皮特·伯恩斯的,"政权理论,州政府和城市教育的接管",摘自《城市轶事杂志》25 (2003) 第3期,第285-303页。

[②] 克拉伦斯·斯通,《政权政治:1946年到1988年亚特兰大市的管理》(劳伦斯:堪萨斯州大学出版社,1989年);克拉伦斯·斯通,《城市政权和管理能力:政治经济途径》,载《城市轶事杂志》15 (1993) 第1期,第1-28页。

[③] 对于保罗·彼得斯的观点,见《城市的局限》;对于政权理论家的相反观点,见吉斯·道丁,《城市政权的解释》,载《城市和地区研究国际杂志》25 (2001),第7-19页;斯蒂芬·贝尔金,《城市和美国共和党的政权》(芝加哥:芝加哥大学出版社,1987年)。

仅有选举政治是不够的：少数群体利益表达与政治回应

的合法利益和需求的。

　　管理联盟成员的城市之间的相互作用也形成了公共政策。① 许多城市追求促进增长模式的策略，因为大多数的公司只代表了他们管理的联盟的一个部分。② 本地的政府官员们和公司的管理者组成了城市社会制度的核心，这是因为是由政府官员和公司的管理者们来分配资源，例如分配权力、分配生产资料、分配资金和信息，这些都会使政府官员和公司领导者进行有效的管理成为可能。③ 拥有自己私人利益的本地被选任的官员团队为了增进有效管理的能力，控制了对社会福利关系重大的财政资源和公司的决定权。即使公司的管理人员引导着经济的发展并且赢得了生产资料，但他们仍需要建立起与政府部门之间的合作关系，这是因为公司的领导人员缺乏城市政策的决定权。

　　难道美国黑人和拉丁美裔人采用非传统的渠道参加布里奇波特市的管理联盟？难道美国黑人和拉丁美裔人这么轻松就会随时获得政府的让步？④ 在社区团体和其他的非传统渠道的授权之前，布里奇波特市政府拒绝考虑少数人群的利益。然而，随着20世纪90年代社会的不断进步，社区团体为社会提供了十分有价值的资源，对于这些资源应该是由政府提供的但是政府却没有提供。他们代表的社区组织和传统上被排斥的团体形成了公共政策，这是因为社区组织和传统上被排斥的团体所掌握的大多数的选票资源为政府提供了帮助，尤其是在公共安全、教育、城市美化和其他的公共服务这些方面上。社区团体不仅弥补了公司的不足，弥补了联邦政府的缺陷，也弥补了先前城市居民的缺点。政府和社团组织之间的这个联合体标志着布里奇波特市从过去的转变，在过去的布里奇波特市，城市的领导者认为

---

　　① 斯通，《城市政权和管理能力》。
　　② 斯通，《城市政权和管理能力》；克拉伦斯·斯通和海伍德·桑德斯主编，《城市政治的发展》（劳伦斯：堪萨斯州大学出版社，1987年）。
　　③ 盖瑞·斯图克，《政权理论和城市政治》，见大卫·查坦，盖瑞·斯图克和哈罗德·沃尔曼主编的《城市政治的理论》（千橡市：1995年）；斯通，《政权政治》。
　　④ 对于这个问题的解释和含意，我要感谢贾尼丝·范恩、罗伯特·费舍、哈罗德·沃尔曼、伊桑·霍洛韦兹、马里昂·奥维林、马克·桑托斯、黛妮思·雪莉和理查德·伍德。

第六章
城市政权理论和黑人利益的代表

社区组织是对政府政治权力的威胁。当布里奇波特市的领导者们认识到，社区组织执行着节省城市资金这一重要的政府职能时，布里奇波特市的领导者们纠正了他们原来对社区组织的看法。

非传统的资源使美国黑人和拉丁美裔人改变了布里奇波特市社会制度的自然状态。非传统的渠道是由抗议组织发展而来的，这些组织在布里奇波特市的政治管理进程中与重要的人物达成协议。沥青化工厂和垃圾堆成的山峰，这些经验都显示了社团组织是如何由一个抗议组织开始的，这个组织迫使政府对少数人群的利益要求作出回应。随着时间的推进，城市领导者们对美国黑人、拉丁美裔人和其他人作出了政策的回应，以此作为交换，社区团体对社会发挥了其非常有价值的功能。例如，城市允许各种各样的社区组织都认可社区组织的改进计划。城市和南部居民用企业社会的钱去雇佣一名顾问来准备社区团体的改进计划。当这位顾问完成了这个计划时，社区组织将会选择他们想要的那种计划。布里奇波特市政府不仅仅会支持社区组织团体的决定，而且也会与社区团体组织一起来执行这个改进计划。

在布里奇波特市，社区组织掌握着非常特别的参与政府管理决定的控件。今天，布里奇波特市政府不仅仅会注意少数人群社区他们的政策目标，而且布里奇波特市政府也会要求社区组织进行信息的反馈。布里奇波特市的警察部门依靠非传统的渠道来执行社团维持治安的计划和确定犯罪的热点。学校系统接受这个控件并且告知居民们有关联合体委员会会议中的教育政策。在这个政策执行之前，城市政府通知社会团体建立一个不靠街面的停车场的事项，并且城市政府与东部地区的居民协商为这些社区促进住房的改造。在这些为政府的利益服务的社区组织出现之前，城市大致上是忽略少数人群社区组织的。今天，布里奇波特市的政府经常会把社区组织反馈的信息吸收到布里奇波特市政府所制定的政策当中。

在布里奇波特市，对少数人群利益的回应支持了社会制度理论的观点，社会制度理论的观点认为,政府与控制着非选举资源的组织建立联系。在布里奇波特市,美国黑人和拉丁美裔人采用非传统的渠道增加政府对他们的利益的关注,促进政府对他们的利益的回应。一部分被选举和任命的官员,其权力的缺乏意味着资源的提供者会获得实质性的代表。社区组织提供了政府部门应该提供而未提供的服务,社区组织的这种提供服务的能力导致在社区成员和政府之间的相互作用。社区组织提供了资源,例如信息网络资源,社区组织提供的这种资源使政府进行有效的管理成为可能。这些非传统的资源允许美国黑人和拉丁美裔人参加公共政策的制定,并赋予传统上被排斥的组织以新的权利。

社会资本和少数人群利益代表的因素

社会资本,在法律上讲是一个多维的概念,就如同人类学、政治科学、社会科学和心理学,对于不同的人会产生不同的效果。[①] 对很多人来说,社会资本指的是相互之间的作用、相互之间的联系和相互之间的信任,这些都易于使人与人之间相互协调,并且使这些都容易参与进来实现社会的目

[①] 这个例子见罗伯特·帕特南,《一个人打保龄球:美国社团的瓦解和复兴》(纽约:西蒙—舒斯特出版社,2000年);詹姆斯·法尔,《社会资本:概念上的历程》,载《政治理论》32(2004)第1期,第6—33页;肯尼斯·牛顿,《社会资本和民主》,载《美国行为科学家》40(1997)第5期,第575-587页;玛丽琳·泰勒,《社团的主导地位:权力,组织能力和社会资本》,载《城市研究》37,2000年5月,第1019-1035页;盖瑞·塞古拉,海瑞·帕琼和南森·伍兹,《西班牙裔,社会资本和公民参与》,载《国家公民回顾》90第1期,第85-96页;罗伯特·帕特那,《关于社会资本和城市社团发展》(城市事务协会年会座谈小组,2002年3月21日,波士顿,马萨诸塞州)。

标。① 根据帕特南所说，纵横各个领域的学者们在采用各种各样的方法使用社会资本这一概念，并且帕特南认为这个概念也就是意味着一切。② 帕特南还用这个概念简单地描述了社会资本是如何脱离了它原来的本意的，社会资本原来的本意是社会的联系和相互作用。③ 由于有许多的学者在不同的场合在使用社会资本这个概念，我也借鉴了社会资本这一术语中的两个重要的概念——相互作用和相互联系——但我不会非常强烈地依赖这个在意思上非常宽泛的概念来表达我的思想。

相互作用和相互联系的重要性

相互作用和回应

政府的领导者们代表了社会政体存在的政治偏好，这样才易于政府的管理。他与那些使他们的工作较为容易的人们形成了相互作用的关系。少数种族和少数民族利用社区组织和团体组织来帮助政府提供公共服务，作为一种回馈，政府就会实质性地代表美国黑人和拉丁美裔人的利益。如果少数人群社区组织希望城市的领导者们充分地了解他们的利益并对他们的利益要求作出回应，那么少数人群社区组织必须要与政府站在一起。

---

① 詹姆斯·卡尔曼，《社会资本和人力资本》，见《美国社会学杂志》94，附录，1988年：S95—S120S；艾瑞克·斯兰纳，《社会资本，电视节目和"卑鄙的世界"：信任，乐观和民众参与》，见《政治心理学》19（1998），第441—467页；罗伯特·帕特南同罗伯特·纳迪和拉菲拉·那内提，《启动民主：现代意大利的市民传统》（普林斯顿，普林斯顿大学出版社，1993年）；社会资本利益组织，《1998年4月美国密歇根大学社会资本会议的短论文》，载《社会经济杂志》29（2000）第6期，第579页；马里昂·奥维林，《黑人社会资本：1986年—1998年，巴尔的摩的学校改革政治》（劳伦斯：堪萨斯州大学出版社，1999年）。

② 罗伯特·帕特那，《关于社会资本和城市社团发展》（城市事务协会年会座谈小组，2002年3月21日，波士顿，马萨诸塞州）。

③ 罗伯特·帕特那，《关于社会资本和城市社团发展》（城市事务协会年会座谈小组，2002年3月21日，波士顿，马萨诸塞州）。

仅有选举政治是不够的：少数群体利益表达与政治回应

提供服务的社区组织的重要性对帕特南关于社会资本的观点起到了支持作用。布里奇波特市的少数人群社区组织和非少数人群社区组织与城市政府形成了一种双赢的关系，在这种关系下，社区组织和政府都可以获得利益。少数人群居民在未进行政府改革的城市制订了公共政策，部分原因是因为城市政府利用社区组织、社会服务和团体组织来执行政府的重要职能。政府部门的领导者们对美国黑人和拉丁美裔人的利益表达作出回应，也是因为政府部门需要社区组织提供的服务。

这些有关社会和历史的文章使美国黑人更加接近领导人判定少数派权益的方法，却把拉丁美裔人越推越远。不同的社会和历史文章，及他们养成的独特态度，影响着领导者认识少数派利益的水平。在这一点上，我必须强调我正在研究程度的问题。只是因为美国黑人的情况比起拉丁美裔人来对于代表更有帮助性，这并不意味着美国黑人的现况就是乌托邦。我只是说，在政事上美国黑人的环境要比拉丁美裔人的好。

团体组织的策略说明了少数种族和少数民族是如何适应政府管理模式的，少数种族和少数民族通常在执行政府应当执行的职责，但是政府却无法能够执行。在周末的会议上，警察部门和社区组织分享着十分有价值的信息。社区组织的成员们也会向警察们提供免费的办公场所，并且社区组织允许警察永久性地入驻社区组织。就像布里奇波特市的一位社会团体的组织者所记载的那样："警察和城市仅仅凭借自己的力量是无法做到的，他们需要社会团体的支持和帮助。"[①]社区组织之间形成的这种相互之间的关系促进了公共服务的提供，并且改进了美国黑人和拉丁美裔人社区内居民的生活质量，更重要的是这保存了政府的资源。布里奇波特市的团体组织策略说明了，城市的非传统的渠道并不会简单地否决那些仅仅依靠通过抗议来获得政府注意的社会组织。

社区组织之间也会形成相互之间的互惠关系。通过联合体委员会和委

---

① 援引自克劳瑞亚·戴维斯，于2002年1月28日与作者在布里奇波特市会面。

员会的会议我们可以知道,每一个社区组织都会提供关于公共安全、疫病预防、土地使用和与其他组织合作的重大机会等各个方面的信息。这个信息网会是一个成功的社区组织向其他城市地区的社区组织传达成功经验的平台。如果没有这个信息网,就不能将信息传达给整个城市地区的所有人员,那么这个成功社区的成就也就只能仅仅对这一个社区有所帮助了。

相互联系和回应

少数民族和少数种族组织之间形成一个相互联系的网络,这就使得美国黑人和拉丁美裔人的这种行为对大多数人群应该如何考虑他们自己社区的利益起到了教育作用。由于社区组织对信息网络的使用,对政策执行的协助和公共服务的提供,政府部门的领导者们就以实质性的代表控制这些生产资料的少数人群的利益作为回报。这种资源的相互交换和社会团体网络提供的相互之间的教育影响产生了相互之间的作用,并且加深了对政府部门和少数人群之间的相互理解和信任的程度。

在所调查的四个城市中,除了政府部门的官僚主义者们选举的领导者,任命的领导者和民间的领导者们都认为,如果只有两三个领导者坚决支持社会团体的利益,那么领导者们就不可能会了解社会团体的利益。此外,这些选举的、任命的和民间的领导者们还认为,社会团体领导者之间的分歧减少了领导者们对社会团体的关注。在布里奇波特市,美国黑人和拉丁美裔人获得利益是众人周知的,这是因为城市的社区组织教会了城市的领导者们如何处理城市的美国黑人和拉丁美裔人最关注的问题。

社区组织出现在布里奇波特市的政治当中之前,城市政府忽视甚至是误解了这些少数人群居民并且致使美国黑人和拉丁美裔人不再相信政府,不能够理解政府。现在,社区组织为少数种族和少数民族与政府提供了进行相互了解和相互交流的场所。这种相互之间的学习和沟通,清除了政府

仅有选举政治是不够的：少数群体利益表达与政治回应

和少数人群人民之间认识上的障碍。

在布里奇波特市东部地区，一半居民是美国黑人，另一半是拉丁美裔人，当看到发生在某一个早上的一场争斗时，就会感觉到，这种相互之间的理解的重要性变得十分明显。人们都喝了很多的酒，这场大规模的争斗发生在街上，许多居民都聚集到街上来看热闹。社会团体监管队长在城市的这个地区每天都进行着监管，并且参加社会团体的重要会议和事项，还经常与东部地区正式的和非正式的领导者们一起培养感情、增进关系。当社会团体的监管队长到达现场时，他向社区组织的领导者们解释到，他必须要逮捕挑起争斗的那些人。社区组织的领导者们同意监管队长的处理结果，社区组织也平静了下来，最终警察制止了这场争斗。

正如这个团体组织监管队长所说的，像今天发生的这种爆发性的事件，当警察接到报警时，警察们只会去与美国黑人和拉丁美裔人周旋，而不会提出有效的解决办法。[①] 在专业模式下，这种模式只是强调要提供服务而忽视问题的解决，在这样的模式下，少数民族和少数种族与警察之间的关系就是一种"我们与他们对立"的一种模式。相反，社会组织的监管方法会使一直争执的两个社区组织达成相互之间的理解，这样才能真正促进公共安全。

社区团体在布里奇波特市的联合体委员会上讨论关于如土地使用、公共安全、教给他们如何与政府建立联系以及加强对社区组织成员的关注等方面的问题。联合体委员会的努力增加了布里奇波特市的领导者们对美国黑人和拉丁美裔人利益的关注。

政府对少数人群关注得较少或者几乎不关注他们的这一倾向，导致了美国黑人和拉丁美裔人不得不利用城市的组织向城市的领导者们表达自己的利益。历史经验告诉我们，城市的领导者们既不可能会积极地去与他们进行交流，也不可能会积极地对美国黑人和拉丁美裔人的利益需求作出回

---

① 霍尼斯，访问。

第六章
城市政权理论和黑人利益的代表

应。如果在没有城市的社会组织存在的情况下,不通过城市的社会组织去表达这些利益,那么政府将很可能不会与各个美国黑人和拉丁美裔人社区组织的领导者们一起协商共同拿出一个关于关注少数民族和少数种族利益问题的合理解决方案。

政府的领导者们都喜欢一个明确的信息。根据布里奇波特市社区发展部门的一个政府职员所说,对社会上的多种声音,政府的协调工作很难开展。这些官僚主义者们声称,如果社会组织统一口径、表达的利益需求一致,那么政府部门很容易就会理解少数人群的利益。例如,南部地区的社区组织会使政府很明确的认识到社区倾向于某一个重建的工程计划。布里奇波特市政府部门对这个工程进行了投资,这是因为政府明白社区才是最完全支持这项计划的,这个计划大部分是由他们来完成的。相比之下,几年前,布里奇波特市政府部门很少关注甚至不会去关注东部地区居民的要求,这是因为政府相信社区领导者们之间的分歧意味着各个区域的居民对他们最关心的问题并未达成一致。在最近的几年,布里奇波特市增加了对东部地区的关注,这是因为,在东部地区,这部分的领导者们通过社区团体组织和联合体委员会达成了共识,并通过社区团体组织和联合体委员会一致向政府提出他们的要求。

联合体委员会对公民团体组织委员会的支持使少数人群的要求合法化了,并且这种真实性的认知也增进了领导者们对他们的理解。当美国黑人和拉丁美裔人组织出席政府部门组织的会议去代表极少数人的利益或者表达少数人群希望的相互矛盾的信息时,政府部门的领导者们不能够理解或者拒绝关注少数人群的利益。如果白人组织和少数人群组织都主张美国黑人或拉丁美裔人的利益时,那么政府的领导者们就会缺乏质疑美国黑人和拉丁美裔人领导者合法性的能力。

许多被选举和任命的官员曾问我,如果当美国黑人和拉丁美裔人的领导者们就社团所关注的问题不能够达成一致时,官员们应当如何去了解少数人群的利益需求。如果没有这些社区组织和联合体委员会,布里奇波特市的领导者们会主张,少数人群组织内部和少数人群组织之间的分歧会使美国黑人和拉丁美裔人组织的居民们的利益需求很难得到理解。我的研究(多数人群派的领导者们对美国黑人和拉丁美裔人利益的理解,领导者们如何理解少数人群的利益,对美国黑人和拉丁美裔人政策关注的回应)强烈建议在布里奇波特市的联合体委员会所做出的统一的意见使布里奇波特市的领导者们充分的理解少数人群的利益变得容易了很多。社区组织、社团组织和社会服务组织之间的联合对布里奇波特市领导者以往的主张程度起到了限制的作用,布里奇波特市领导者以往主张他们不能够与美国黑人或拉丁美裔人所关注的问题达成一致。

当社区组织之间相互合作并且相互之间获得利益时,社区组织就达到了他们的目标。① 如果没有其他社区组织提供的支持和资源,那么大多数的社团组织一般都不能够实现他们的政策目标。在没有进行改革的政府背景下,正是把布里奇波特市的美国黑人和拉丁美裔人与政府联系在一起的社会资本的因素,使少数人群的利益得到代表成为可能。社区组织的相互作用和相互联系对城市的政治是有一定的影响的,这是因为这些联系形成了生产资源,美国黑人和拉丁美裔人就是利用这些资源来充分地表达他们自己的利益并获得了实质性的代表。

未革新的东北部地区城市对少数种族和少数民族利益的代表

在东北部地区未改革的城市里,美国黑人和拉丁美裔人利用数量较多的选民方式获得了少数人群利益的代表。社团组织和社区组织的单独存在并不能确保使美国黑人和拉丁美裔人的利益需求得到别人的感知。少数人

---

① 关于社会资本更多的研究成果,见科尔曼,《社会资本和人力资本》,这是一部极少数关于检测社会资本政策执行结果的著作之一。

第六章
城市政权理论和黑人利益的代表

群必须要统一起来与城市的领导者们交流,这样才能使多数人群关注他们的利益。在资源稀缺的环境下,非传统的渠道会使政府节约资金。美国黑人和拉丁美裔人利用他们选民较多的资源与政府建立联系。这种共生的联盟为政府和少数人群组织之间建立了相互影响的关系,并且为将来培养了一个合作伙伴。

回顾以往的历史经验可以得知,政府是不可能去积极主动地认可美国黑人和拉丁美裔人的利益的。因此,少数人群组织针对他们关注的问题向政府的领导者们提出了一个明确的要求,这就有利于他们利益关注的表达。另外,与其他组织的联盟和合作也为少数人群利益的要求赋予了合法性。

在未改革的城市内具有较长久的政治历史,随着这些城市内传统的政治渠道的强化,对于那些一直以来被排斥的组织获得在职官员的支持的可能性就会很小,甚至想要得到少数人群代表、政党和其他的选民的支持都很困难。在传统的政治渠道的被强化的政治体系中,被选举的官员对美国黑人和拉丁美裔人的实质性代表的灵活性要小很多。候选人被任命的过程中需要忠诚于推选出他们的政党。只有忠实于政党的候选人才会被政党提名。因此,美国黑人和拉丁美裔人被选举的官员在与他们自己的成员的观点相比时,他们通常都会更倾向于赞成政党的观点,特别是在一个不存在竞争的环境下。

附录一　访问问题一览表

对市长的提问

（1）在某个城市中，什么问题是该城市市民最关心的问题？

（2）在过去，这个问题是如何解决的？

（3）这些问题在你们的管理中是优先要解决的问题吗？

（4）面对这个城市中第一个问题的挑战，你们能做什么呢？

（5）经过最近这几年，在某个城市中对于美国黑人和拉丁美裔人最关心的问题是什么？

（6）这些问题在你们的管理中是优先要解决的问题吗？

（7）解决美国黑人和拉丁美裔人所最关心的问题有什么是你们特别要做的？

（8）你是如何看待（像美国黑人和拉丁美裔人）这些少数人群所关注的问题的？

（9）你是如何与美国黑人和拉丁美裔人的领导者们交流和合作的？

（10）最近几年，在某个城市有新的教育创新模式出现吗？

（11）在过去的几年里，某个城市的学校教育系统状况是怎样的？（例如设施和校验得分）

（12）在某个城市，你推荐促进教育发展的措施是什么？

（13）关于廉租房的问题，你的立场是什么？特别是对于低收入人群来说，你的立场是什么？如果他们对公共住房提出疑问，你们还会作出其他的努力吗？

（14）警察机关和少数人群团体组织之间的关系是什么？

（15）对促进警察机关和少数人群团体组织之间的关系，你曾经作出过努力吗？

（16）在美国黑人和拉丁美裔人的社区组织中最重要的组织的名称是什么？（请分别回答）

（17）这些组织为了解决他们自身的问题而进行联合行动会达至什么样的程度？

（18）在这些社区团体组织中，他们的领导者都是谁？

（19）有名人在美国黑人和拉丁美裔人社区团体组织中吗？这个人不是必要的领导者，但是却为社区团体组织所了解。

（20）有这样的一位名人在某个社区团体组织中吗？这个人不是在职的官员但他却对政治有很大的影响？

（21）某个社区团体组织的领导者对在这三十几年中城市居民的变化反应如何？为什么？

（22）在某个城市中，美国黑人或者拉丁美裔人有联合组织吗？

对被调查者的问题

（1）描述在某个城市政治进程的自然状态，是党派的吗？真正的党派竞争存在吗？

（2）某个城市的居民最关注的问题是什么？

（3）这些问题是管理机关和城市的领导者们优先考虑的问题吗？

（4）为了表达这些关注的问题都做了些什么？

（5）今天面对某个问题，最大的挑战是什么？

（6）最近30年，在某个城市的公司的变化如何？它又如何导致了社区组织的变化？

（7）在某个城市的少数人群社区组织中，什么影响了公司思潮的改变？

（8）在最近的30年里，在某个城市中，什么问题是美国黑人和拉丁美裔人最关心的问题？

（9）城市的领导者们是如何认同美国黑人和拉丁美裔人所关心的事的？

（10）美国黑人或拉丁美裔人的领导者们是如何与城市的领导者们沟通和合作的？

（11）这些问题是管理机关和城市的政治领导者们优先考虑的问题吗？

（12）某个城市的政治领导者们为了解决这些关注的问题，曾经做过什么特殊的事情？

（13）在美国黑人和拉丁美裔人的社区团体中，最重要的组织的名字是什么？（请分别说出）

（14）为了解决他们自己的这些问题，这些组织会联合到什么样的程度？

（15）这些社区团体的领导者都是谁？

（16）有名人在美国黑人和拉丁美裔人社区团体组织中吗？该名人虽然不是必要的领导者，但是却为社区团体组织所了解。

（17）在某个城市里，美国黑人和拉丁美裔人之间的关系如何？或者与其他比较著名的少数人群组织的关系如何？

（18）在过去的几年里，某个城市的学校教育系统状况是怎样的？（例如设施和校验得分）

（19）最近几年在某个城市有新的教育创新模式出现吗？

（20）关于廉租房的问题，城市领导者的立场是什么？特别是对于低收入人群来说，他们的立场是什么？

（21）有这样的一位名人在某个社区团体组织中吗？这个人不是在职的

官员，但他却对政治有很大的影响。

（22）在某个城市中，美国黑人和拉丁美裔人是团结的吗？

对少数人群领导者的提问

（1）在某个城市中，最近这几年什么问题是市民最关注的问题？

（2）城市的政治领导者们为解决这些关注的问题曾做过什么？

（3）在城市的领导者们的管理中这些问题是优先要解决的吗？

（4）现在面对某个问题最大的挑战是什么？

（5）最近几年，在某个城市对于美国黑人和拉丁美裔人来说，他们最关心的问题是什么？

（6）白人领导者们是如何看待美国黑人和拉丁美裔人关注的利益的？

（7）美国黑人和拉丁美裔人是如何与本城市的白人领导者们沟通和互助的？

（8）白人政治领导者们会代表美国黑人（少数人群）的利益吗？美国黑人（或少数人群）会需要美国黑人官员来代表他们吗？为什么会或为什么不会？

（9）在美国黑人和拉丁美裔人的社区团体中，最重要的组织的名字是什么？（请分别说出）

（10）这些组织为了解决他们自身的问题而进行联合行动会达至什么样的程度？

（11）这些社区团体的领导者都是谁？

（12）在过去的几年里，某个城市的学校教育系统状况是怎样的？（例如设施和校验得分）

（13）最近几年，在某个城市有新的教育创新模式出现吗？

（14）关于廉租房的问题，城市领导者的立场是什么？特别是对于低收人人群来说，他们的立场是什么？

（15）警察机关和少数人群团体组织之间的关系是什么？

（16）是否有哪一方想要促进他们之间的关系？

（17）在某个城市里，如果一位政治家忽视少数人群的利益，那么他或她还能够待得下去吗？

（18）如果不，少数人群的利益被忽视是什么时候的事？

（19）为什么少数人群的利益不可以被长时间忽视？

（20）有这样的一位名人在某个社区团体组织中吗？该名人不是在职的官员，但他却对政治有很大的影响。

（21）在某个城市中，美国黑人和拉丁美裔人是团结的吗？

（22）某个社区团体组织的领导者对在这三十几年中城市居民的变化反应如何？为什么？

对城市委员会成员的提问

（1）最近这几年，在某个城市中什么问题是市民最关注的问题？

（2）城市的政治领导者们为解决这些关注的问题曾做过什么？

（3）在城市的领导者们的管理中这些问题是优先要解决的问题吗？

（4）现在面对某个问题最大的挑战是什么？

（5）（在这些地区）你的主要目的是要表达你所在地区的少数人群关心的问题吗？或者是表达你所在地区的居民所关心的问题？

（6）最近几年，在某个城市，对于美国黑人和拉丁美裔人来说，他们最关心的问题是什么？

（7）城市的政治领导者们为解决这些关注的问题曾特别做过什么？

（8）白人领导者们是如何看待美国黑人和拉丁美裔人所关注的利益？

（9）美国黑人和拉丁美裔人是如何与本城市的白人领导者们沟通和互

助的？

（10）白人政治领导者们会代表美国黑人（少数人群）的利益吗？美国黑人（或少数人群）会需要美国黑人官员来代表他们吗？为什么会或为什么不会？

（11）在美国黑人和拉丁美裔人的社区团体中，最重要的组织的名字是什么？（请分别说出）

（12）这些组织为了解决他们自身的问题而进行联合行动会达至什么样的程度？

（13）这些社区团体的领导者都是谁？

（14）在过去的几年里，某个城市的学校教育系统状况是怎样的？（例如设施和校验得分）

（15）最近几年，在某个城市有新的教育创新模式出现吗？

（16）关于廉租房的问题，城市领导者的立场是什么？特别是对于低收入人群来说，他们的立场是什么？

（17）警察机关和少数人群团体组织之间的关系是什么？

（18）是否有哪一方想要增进他们之间的关系？

（19）在某个城市里，如果一位政治家忽视少数人群的利益，那么他或她还能够待得下去吗？

（20）如果不，少数人群的利益被忽视是什么时候的事？

（21）为什么少数人群的利益不可以被长时间地忽视？

（22）有这样的一位名人在某个社区团体组织中吗？该名人不是在职的官员，但他却对政治有很大的影响。

（23）在某个城市中，美国黑人和拉丁美裔人是团结的吗？

（24）某个社区团体组织的领导者对在这三十几年中城市居民的变化反应如何？为什么？

仅有选举政治是不够的：少数群体利益表达与政治回应

对政党领导者的提问

（1）在某个城市中，什么问题是该城市市民最关心的问题？

（2）在过去，这个问题是如何解决的？

（3）这些问题在你们的管理中是优先要解决的问题吗？

（4）面对这个城市中第一个问题的挑战，你们能做些什么呢？

（5）经过最近这几年，在某个城市中对于美国黑人和拉丁美裔人最关心的问题是什么呢？

（6）这些问题在你们的管理中是优先要解决的吗？

（7）解决美国黑人和拉丁美裔人所最关心的问题有什么是你们特别要做的？

（8）你是如何看待（像美国黑人和拉丁美裔人）这些少数人群所关注的问题的？

（9）你是如何与美国黑人和拉丁美裔人的领导者们交流和合作的？

（10）最近几年，在某个城市有新的教育创新模式出现吗？

（11）在过去的几年里，某个城市的学校教育系统状况是怎样的？（例如设施和校验得分）

（12）在某个城市，你推荐促进教育发展的措施是什么？

（13）关于廉租房的问题，你的立场是什么？特别是对于低收入人群来说，你的立场是什么？如果他们对公共住房提出疑问，你们还会做出其他的努力吗？

（14）警察机关和少数人群团体组织之间的关系是什么？

（15）为了促进警察机关和少数人群团体组织之间的关系，你曾经做出过努力吗？

（16）在美国黑人和拉丁美裔人的社区组织中，最重要的组织的名称是

什么？（请分别回答）

（17）这些组织为了解决他们自身的问题而进行联合行动会达至什么样的程度？

（18）在这些社区团体组织中，他们的领导者都是谁？

（19）有名人在美国黑人和拉丁美裔人社区团体组织中吗？该名人虽不是必要的领导者，但是却为社区团体组织所了解。

（20）有这样的一位名人在某个社区团体组织中吗？该名人不是在职的官员，但他却对政治有很大的影响。

（21）某个社区团体组织的领导者对在这三十几年中城市居民的变化反应如何？为什么？

（22）在某个城市中，美国黑人或者拉丁美裔人有联合组织吗？

对学校委员会成员的提问

（1）在某个城市中，什么问题是该城市市民最关心的问题？

（2）在过去，这个问题是如何解决的？

（3）这些问题在你们的管理中是优先要解决的吗？

（4）面对这个城市中第一个问题的挑战，你们能做些什么呢？

（5）经过最近这几年，在某个城市中对于美国黑人和拉丁美裔人最关心的问题是什么呢？

（6）为解决美国黑人和拉丁美裔人所最关心的问题，有什么是你们特别要做的？

（7）你是如何看待（像美国黑人和拉丁美裔人）这些少数人群所关注的问题的？

（8）你是如何与美国黑人和拉丁美裔人的领导者们交流和合作的？

（9）最近几年，在某个城市有新的教育创新模式出现吗？

（10）在过去的几年里，某个城市的学校教育系统状况是怎样的？（例如设施和校验得分）

（11）在某个城市，你推荐促进教育发展的措施是什么？

（12）关于廉租房的问题，你的立场是什么？特别是对于低收入人群来说，你的立场是什么？如果他们对公共住房提出疑问，你们还会做出其他的努力吗？

（13）警察机关和少数人群团体组织之间的关系是什么？

（14）为了促进警察机关和少数人群团体组织之间的关系，你曾经做出过努力吗？

（15）在美国黑人和拉丁美裔人的社区组织中，最重要的组织的名称是什么？（请分别回答）

（16）这些组织为了解决他们自身的问题而进行联合行动会达至什么样的程度？

（17）在这些社区团体组织中，他们的领导者都是谁？

（18）有名人在美国黑人和拉丁美裔人社区团体组织中吗？该名人虽不是必要的领导者，但是却为社区团体组织所了解。

（19）有这样的一位名人在某个社区团体组织中吗？这个人不是在职的官员，但他却对政治有很大的影响。

（20）某个社区团体组织的领导者对在这三十几年中城市居民的变化反应如何？为什么？

（21）在某个城市中，美国黑人或者拉丁美裔人有联合组织吗？

对随机调查者的问题

（1）在某个城市中，什么问题是该城市市民最关心的问题？

（2）在过去，这个问题是如何解决的？

附录一

访问问题一览表

（3）这些问题在你们的管理中是优先要解决的吗？

（4）面对这个城市中第一个问题的挑战，你们能做什么呢？

（5）最近这几年，在某个城市中对于美国黑人和拉丁美裔人最关心的问题是什么呢？

（6）为解决美国黑人和拉丁美裔人所最关心的问题，有什么是你们特别要做的？

（7）你是如何看待（像美国黑人和拉丁美裔人）这些少数人群所关注的问题的？

（8）你是如何与美国黑人和拉丁美裔人的领导者们交流和合作的？

（9）最近几年，在某个城市有新的教育创新模式出现吗？

（10）在过去的几年里，某个城市的学校教育系统状况是怎样的？（例如设施和校验得分）

（11）在某个城市，你推荐促进教育发展的措施是什么？

（12）关于廉租房的问题，你的立场是什么？特别是对于低收入人群来说，你的立场是什么？如果他们对公共住房提出疑问，你们还会做出其他的努力吗？

（13）警察机关和少数人群团体组织之间的关系是什么？

（14）为了促进警察机关和少数人群团体组织之间的关系，你们曾经做出过努力吗？

（15）在美国黑人和拉丁美裔人的社区组织中，最重要的组织的名称是什么？（请分别回答）

（16）这些组织为了解决他们自身的问题而进行联合行动会达至什么样的程度？

（17）在这些社区团体组织中，他们的领导者都是谁？

（18）有名人在美国黑人和拉丁美裔人社区团体组织中吗？该名人虽不是必要的领导者，但是却为社区团体组织所了解。

（19）有这样的一位名人在某个社区团体组织中吗？这个人不是在职的

官员但他却对政治有很大的影响。

（20）某个社区团体组织的领导者对在这三十几年中城市居民的变化反应如何？为什么？

（21）在某个城市中，美国黑人或者拉丁美裔人有联合组织吗？

对美国黑人调查对象的问题

（1）最近这几年，在某个城市中什么问题是市民最关注的？

（2）城市的政治领导者们解决这些关注的问题曾做过什么？

（3）这些问题在城市的领导者们的管理中是优先要解决的问题吗？

（4）现在面对某个问题，最大的挑战是什么？

（5）最近几年，在某个城市对于美国黑人和拉丁美裔人来说，他们最关心的问题是什么？

（6）城市的政治领导者们为解决这些关注的问题曾特别地做过什么？

（7）白人领导者们是如何看待美国黑人和拉丁美裔人所关注的利益的？

（8）美国黑人和拉丁美裔人是如何与本城市的白人领导者们沟通和互助的？

（9）白人政治领导者们会代表美国黑人（少数人群）的利益吗？美国黑人（或少数人群）会需要美国黑人官员来代表他们吗？为什么会或为什么不会？

（10）在美国黑人和拉丁美裔人的社区团体中，最重要的组织的名字是什么？（请分别说出）

（11）这些组织为了解决他们自身的问题而进行联合行动会达至什么样的程度？

（12）这些社区团体的领导者都是谁？

（13）在过去的几年里，某个城市的学校教育系统状况是怎样的？（例

附录一
访问问题一览表

如设施和校验得分）

（14）最近几年，在某个城市有新的教育创新模式出现吗？

（15）关于廉租房的问题，城市领导者的立场是什么？特别是对于低收入人群来说，他们的立场是什么？

（16）警察机关和少数人群团体组织之间的关系是什么？

（17）是否有哪一方想要增进他们之间的关系？

（18）在某个城市里，如果一位政治家忽视少数人群的利益，那么他或她还能够待得下去吗？

（19）如果不，少数人群的利益被忽视是什么时候的事？

（20）为什么少数人群的利益不可以被长时间地忽视？

（21）有这样的一位名人在某个社区团体组织中吗？该名人不是在职的官员，但他却对政治有很大的影响。

（22）在某个城市，中美国黑人和拉丁美裔人是团结的吗？

（23）某个社区团体组织的领导者对在这三十几年中城市的居民变化反应如何？为什么？

附录二　问题领域分类表

作者在询问每一个调查对象时，都会提问到下面的这个问题："最近这几年，在某个城市中，对于美国黑人和拉丁美裔人最关心的问题是什么呢？"回答者们对这个公开的问题提供了各式各样的答案。作者将这些答案归整起来，把它们分成了几个门类。例如，很多的调查对象说住房，差异或住房高档化是美国黑人和拉丁美裔人他们最关心的问题。作者又把一些关于住房的个别的答案划分成几类。他最后总结出来，如果一个人的答案是迁居而另一个人的答案是使住房高档化，那么美国黑人领导者和白人的领导者的反应是一样的，因为这两个答案都是属于住房这个门类的。在一般的门类下他呈现出了每一个访问对象的反应。在教育门类中，例如，调查对象们说，校车接送孩子、美国的公立中学或学校安全是美国黑人和拉丁美裔人对教育这个门类最关心的几个问题。这些答案中的每一个具体的答案都是属于教育这个门类的。

住房

住房
搬家
住房高档化

附录二
问题领域分类表

工作，经济，经济发展

工作

经济发展

经济

失业

职业培训

经济竞争

政府工作

经济稳定

生活成本

金钱

生存

投资的稳定性

教育

教育

校车接送孩子

美国公立中学

学校安全

公共安全

犯罪

稳定的生活

警民关系

警方保护

吸毒

暴动

警察歧视

孩子的安全

生活质量，提供服务

生活质量

提供服务

清扫街区卫生

捡垃圾

清理城市南部

公园

道路

服务型政府

基础设施

街区

穿越街道

交通

娱乐休闲

街区的特征

休闲和文化

洞穴

防火

噪音

运输

公平，包容

平等的机会

公认

包容

缺乏关注

不会接受

平等的机会

做出决定过程的部分

没有注意

牵连

公平

控制社团

完全的牵连

公平

缺乏联系

公平的比赛

缺乏控制

责任感

对我们和他们的看法

缺乏机会

强烈的要求

感觉像是二等公民

没有人把我们当回事

仅有选举政治是不够的：少数群体利益表达与政治回应

代表

代表

城市参议员

缺乏代表

政府模式

税收

财产税改革

财产税

水费

重新估价

环境

环境

沥青厂

污染

菲尼克斯土壤公司

景象

荒芜

社区

干净的社区

建筑

美学

城市的美景

城市的再生

社区的再发展

城市的出现

城市南部的复兴

内部的关注

领导阶层

没有同一性

积极的参加

可信度

工作职位

我们将往何处

家庭

居民介入

培养我们自己的政治家

教堂

分歧

政治斗争

政府信任危机

不关注政治

更多的表决权

剥夺公民的选举权的差别

未来，年轻人

年轻人

仅有选举政治是不够的：少数群体利益表达与政治回应

城市需要我吗？

领土的永久性

对孩子的奉献

改善孩子的生活

文明

语言障碍

双语教育

文化差异

移民

移民

非法移民

卫生保健

卫生保健

儿童保育

托儿所的日托

参考文献

[1] 鲁弗斯·布朗宁、戴尔·米歇尔和大卫·泰伯,《抗议是不够的:黑人与西班牙人在城市政治中为了公平的斗争》(伯克利市,加利福尼亚大学出版社,1984年)。

[2] 詹姆斯·巴顿,《黑人和社会的变革:在社区南部公民权利运动的影响》(普林斯顿大学)。

[3] Adams, Robyn. "Working at a Labor of Love," *Waterbury Republican-American*, October 20, 1989.

— "Aldermen-by-District Sounds Good, But is it ?" *Waterbury Republican-American*, November 2, 1999.

— "NAACP Seeks Federal Probe: Groups leader suspects 'civil rights violations'", *Waterbury Republican-American*, November 11, 2000.

[4] Angell, John E, "Toward an alternative to the classic police organizational arrangements: a democratic model," *Criminology*, August/November (1971): 185 – 206.

[5] Barker, Lucius, Mack H. Jones, and Katherine Tate. *African Americans and the American Political System*. 4th, ed. Englewood Cliffs, NJ: Prentice Hall, 1998.

[6] 州和国家的南方政治(纽约:诺夫出版社,1949年)。

[7] 麦克·琼斯,《在南部乡村里黑人的任职和政党的发展》(*Black Officeholding and Political Development in the Rural South*)《黑人政治经济回顾》6 (1976),第75 – 407页。

[8] 艾伯特·卡瑞宁和苏珊·威尔齐,《黑人代表和城市政治》(*Black Representation and Urban Policy*)(芝加哥大学出版社,1980年)。

[9] 皮特·K·艾辛格,《市区中黑人的工作状况:黑人政治权力的影响》,载《美国人的政治科学回顾》76 (1982)。

仅有选举政治是不够的：少数群体利益表达与政治回应

[10] 凯伦·考夫曼，《城市选举者：组织争斗和美国城市的市长选举行为》（安·艾博：密歇根大学出版社，2004年）。

[11] 卡瑞宁和韦尔奇，《黑人代表和城市政治》（*Black Representation and Urban Policy*）（芝加哥大学出版社，1980年）。

[12] 李奥纳·德克尔，《选举黑人去市政府部门：结构的和社会的决定性因素》，载《城市轶事》季刊10（1976）第1期，第17-39页。

[13] 苏珊·约翰·西宾，《美国国会中的西班牙代表》，载《社会科学》季刊65（1984）第2期，第328-335页。

[14] 卡罗·思温，《黑人的脸，黑人的利益：美国黑人在议会中的代表》（剑桥，MA：哈佛大学出版社，1993年）。

[15] 大卫·卢步林，《代表的悖论：国会中的种族操纵和少数人群的利益》（普林斯顿，NJ：普林斯顿大学出版社，1997年）。

[16] 罗伯特·达尔，《谁在管理?》（纽黑文，CT：耶鲁大学出版社，1961）。

[17] 托马斯·伯恩·埃兹尔和玛丽·埃兹尔，《反应链：种族、权利和税收对美国政治的影响》（纽约：W.W.诺顿，1991年）。

[18] 爱德华·卡门和詹姆斯·斯廷森，《问题的演变：种族和美国政治的变迁》（普林斯顿大学出版社，1989年）。

[19] 托马斯·戴尔，《政治，经济和公众》（芝加哥：兰特·麦克纳利，1966年）。

[20] 芭芭拉·费尔曼，《挑战成长发展的机器：芝加哥和匹兹堡州的社区政治》（劳伦斯：堪萨斯州大学出版社，1996）。

[21] 罗伯特·哈尔彭，《城市中心的重建：美国社区组织主动表达贫穷的历史》（纽约：哥伦比亚大学出版社，1995年）。

[22] 罗伯特·费希尔，《让人民决定：美国的社区组织》》（第二版）（波士顿：特维恩，1997年）。

[23] 约翰·托马斯，《居民和城市之间：辛辛提那的社区组织和城市政治》（劳伦斯：堪萨斯州大学出版社，1986年）。

[24] 罗丝·吉特尔和玛格丽特·怀尔德（Margaret Wilder），《社团发展组织：影响成功的危机因素》，摘自《城市轶事杂志》21（1999）第3期，第341-361页。

[25] 汉森和大卫·雷等，《社区团体组织和州的福利》（多伦多：多伦多大学出版社，

1994年)。

[26] 迈克尔·利普斯基,《城市政治的竞争》(芝加哥:兰德·麦克纳利,1970年)。

[27] 马修·科瑞森,《社区政治》(剑桥,MA:哈佛大学出版社,1983年)。

[28] 罗纳德·弗格森和威廉姆·狄更斯等,《城市问题和团体发展》(华盛顿哥伦比亚特区:布鲁金斯大学出版社,1999年)。

[29] 格丹娜·拉布伦诺维克,《社区建设者:在两个城市中的社区动员故事》(费城:天普大学出版社,1996年)。

[30] 托马斯,《市民和城市之间》。

[31] 保罗·彼得森,《城市的限制》(芝加哥:芝加哥大学出版社,1981年)。

[32] 布莱恩·约翰和林恩·柏彻勒,《支撑的手:团体领导阶层和公司权力》》(修订第二版)(劳伦斯:堪萨斯州大学出版社,1993年)。

[33] 麦尔斯·霍顿和保罗·弗莱雷,《我们走在路上:关于教育和社会变革的交流》(*We Make The Road By Walking*: *Conversations on Education and Social Change*)(费城:天普大学出版社,1991年)。

[34] 米尔德里德·沃纳,《设立社会资本,当地政府的角色》,载《社会经济杂志》30(1999)第2期,第187–192页。

[35] 杰弗里·贝瑞,肯特·波特尼和肯·托马斯,《城市民主党派的重生》(华盛顿哥伦比亚特区:布鲁斯金大学出版社,1993年)。

[36] 约瑟·克鲁兹(Jose Cruz),《同一性和权力:波多黎各人的政治和种族划分的挑战》(*Identity and Power*: *Puerto Rican Politics and the Challenge of Ethnicity*)(费城:天普大学出版社,1998年)。

[37] 皮特·斯凯瑞(Peter Skerry),《墨西哥裔美国人民:少数民族的矛盾》(*The Ambivalent Minority*)(剑桥,MA:哈佛大学出版社,1995年)。

[38] 格丹娜·拉布伦诺维克,《社区建设者:在两个城市中的社区动员故事》(费城:天普大学出版社,1996年)。

[39] 简·曼斯布里奇(Jane Mansbridge),《黑人应该代表黑人吗?女人应该代表女人吗?一种情况是"肯定的"》,载《政治杂志》(*Journal of Politics*)61(1999)第2期,第628–657页。

[40] 肯尼·J. 维特比(Kenny J. Whitby),《代表的色彩:国会行为和黑人成员》(*The*

仅有选举政治是不够的：少数群体利益表达与政治回应

Color of Representation: Congressional Behavior and Black Constituents）（安·艾博：美国密歇根大学出版社，1998年）。

[41] 鲁福斯·布朗宁，米歇尔和泰伯（Rufus P. Browning, Dale R. Marshall, and David H. Tabb），《介绍：在城市政府中不同肤色的人们能获得平等的对待吗？背景和问题》，载布朗宁、马歇尔和泰伯主编的《美国城市的种族政治》（第三版）（Racial Politics in American Cities, ）（纽约：朗曼，2003年），第18页。

[42] 雷蒙德（Raymond Wolfinger）和约翰·菲尔德（John O. Field），《政治思潮和城市政府结构》，载《美国政治科学回顾》（The American Political Science Review）60（1996）第2期，第306-326页。

[43] 雷蒙德（Raymond Wolfinger），《为何政治机器不曾衰落和其他修正主义者的思潮》，载《政治杂志》34（1972）第2期，第365-398页。

[44] 瑟尔德尔·J. 卢维（Theodore J. Lowi），《由市长决定：纽约市的任免权和政治1896-1956》（At the Pleasure of the Mayor: Patronage and Politics in New York City 1896-1956）（纽约：自由出版社，1964年）。

[45] 罗德尼·E. 赫尔若（Rodney E. Hero），《丹佛市、普韦布罗市和科罗拉多州的拉丁美裔人和政治：区别、解释说明和为了公平而战斗》，见布朗宁、马歇尔和泰伯（Rufus P. Browning, Dale R. Marshall, and David H. Tabb）主编的《美国城市的种族政治》（Racial Politics in American Cities, 3rd ed.）（纽约：朗曼，1997年），第十一章。

[46] 卡尔·哈迪·芬达和杰弗瑞·N. 格尔森（Carol Hardy-Fanta and Jeffrey N. Gerson）主编，《马萨诸塞州的拉丁美裔人政治：斗争，政策和前景》（Latino Politics in Massachusetts: Struggles, Strategies, and Prospects）（纽约：劳特利奇，2002），第六章。

[47] 约翰·默棱科夫（John Mollenkohf），《纽约：仍然是非常的异常》，见布朗宁，马歇尔和泰伯等著《美国城市的种族政治》，第四章。

[48] 詹姆斯·R. 博尔斯、维博尔·C. 瑞兹（James R. Bowers and Wilbur C. Rich）主编，《管理中等大小的城市：对市长领导阶层的研究》（Governing Middle-Sized Cities: Studies in Mayoral Leadership）（波尔德分校：琳妮·瑞纳出版社，2000）。

[49] 盖里·金，罗伯特·基欧汉和西德尼·韦博（Gary King, Robert O. Keohane, and

参考文献

Sidney Verba)主编,《设计社会调查:定性研究上的科学推断》(*Designing Social Inquiry: Scientific Inference in Qualitative Research*)(普林斯顿,NJ:普林斯顿大学出版社,1994年)。

[50] 大卫·巴罗(David E. Barlow)和西克曼·巴罗(Melissa Hickman Barlow),《多元社会中的警察:一个美国人的故事》(*Police in a Multicultural Society: An American Story*)(韦兰出版社,2000年)。

[51] 约翰·L. 伯瑞斯和卡舍瑞恩·维特尼(John L. Burris with Catherine Whitney),《蓝对黑:让我们结束警察和少数人群之间的冲突》(*Blue vs Black: Let's End the Conflict Between Cops and Minorities*)(纽约:圣马丁大学出版社,1999年)。

[52] 曼弗雷德·施密特,《穷国和富国的社会政治:社会经济趋势和政治制度因素》,载《欧洲政治研究杂志》17(1989)。

[53] 尼尔森·W. 普尔斯比(Nelson W. Polsby),《社区权力和政治理论》(第二版)(*Community Power and Political Theory*)(纽黑文市,CT:耶鲁大学出版社,1980年)。

[54] G. 威廉·都穆霍夫(G. William Domhoff),《谁是真正的统治者?纽黑文市和社团权力的重新调查》(*Who Really Rules? New Haven and Community Power Reexamined*)(新布伦瑞克,NJ:学报,1978年)。

[55] 道格拉斯·W. 瑞鄂(Douglas W. Rae),《城市:乡村主义和城市的终结》(*City: Urbanism and its End*)(纽黑文市:耶鲁大学出版社,2003年)。

[56] 艾瑞斯·莫瑞恩·扬(Iris Marion Young),《公正和差别的政治》(*Justice and the Politics of Difference*)(普林斯顿,NJ:普林斯顿大学出版社,1990年)。

[57] 皮埃尔·克拉维,《进步的城市:计划和参与1969-1984》(*The Progressive City: Planning and Participation 1969-1984*)(新布伦瑞克,NJ:罗格斯大学出版社,1986年)。

[58] 约瑟·克鲁兹(Jose Cruz),《同一性和权力:波多黎各人的政治和种族划分的挑战》(*Identity and Power: Puerto Rican Politics and the Challenge of Ethnicity*)(费城:天普大学出版社,1998年)。

[59] 皮特·斯凯瑞(Peter Skerry),《墨西哥裔美国人民:少数民族的矛盾》(*The Ambivalent Minority*)(剑桥,MA:哈佛大学出版社,1995年)。

[60] 史蒂文·伊利,《彩虹的末端》(贝克利:加利福尼亚大学出版社,1988年)。

[61] 露丝·格拉瑟,《轻音乐:康涅狄格州的波多黎各人》(米德尔顿,CT:康涅狄格州人文研究委员会,1997年)。

[62] 简·琳娜,《在市政府市长不会像西班牙人一样发泄一通》,载《沃特伯里市共和党人》,1988年8月30日。

[63] 雷蒙德·沃菲戈,《种族选举的发展和持续》,载《美国政治科学回顾》59(1965),第869—908页。

[64] 约翰·默里,《西班牙裔:沃特伯里市的种族社区的快速成长》,载《沃特伯里观察报》,1996年4月。

[65] 格尼·韦阁,《西班牙裔缺乏领导阶层,政治影响到权力的改变》,载《沃特伯里市共和党人》,1980年8月6日。

[66] 露丝·格拉瑟,《轻音乐:康涅狄格州的波多黎各人》(米德尔顿,CT:康涅狄格州人文研究委员会,1997年)。

[67] 卡罗·思温,《黑人的脸,黑人的利益:美国黑人在议会中的代表》(剑桥,MA:哈佛大学出版社,1993年)。

[68] 大卫·卢步林,《代表的悖论:国会中的种族操纵和少数人群的利益》(普林斯顿,NJ:普林斯顿大学出版社,1997年)。

[69] 汉娜·F. 皮特科因(Hannah F. Pitkin),《代表的概念》(*The Concept of Representation*)(加利福尼亚大学出版社,1967年)。

[70] 麦克·琼斯,《在南部乡村里黑人的任职和政党的发展》(*Black Officeholding and Political Development in the Rural South*),载《黑人政治经济回顾》6(1976)。

[71] 艾伯特·卡瑞宁和苏珊·威尔齐,《黑人代表和城市政治》(*Black Representation and Urban Policy*)(芝加哥大学出版社,1980年)。

[72] 迈克尔·普勒斯顿,雷纳尔·亨德森,保罗·普利尔主编,《新黑人政治:政治权力的研究2》(纽约:郎曼,1987年)。

[73] 保罗·冯·兹勒,《康涅狄格州的战争,腐败的烙印》,载《纽约时报》,2003年3月28日,D1版。

[74] 伊特尔·冯思特和乔伊斯·彭德瑞,《斯坦福:一部诠释的历史》(五兰冈,CA:温莎出版社有限公司,1984年)。

参考文献

[75] 苏珊·依兰,《很少有少数人群的居民进入城市委员会：审查发现人数并不符合一般的居民比例》,载《星期日倡导者》,1998年5月17日,A1–A8版。

[76] 约瑟夫·雷伯曼,《权力经纪人：现代政治之父,约翰·贝里的传记》(纽约：米富林集团,1966年)。

[77] 麦基,《康涅狄格州的哈特福德市的麦克·皮特和领导阶层的遗迹》。

[78] 罗布·顾瑞特,《哈特福德市的无政府领导》,载《管理：本地杂志》,2000年9月,第75–78页。

[79] 政务议事厅,《采用专项基金预算,1998—1999》。

[80] 艾拉。威丝曼,《未决定的,未看到的,未说出口的》,载《纽约时报杂志》,1991年4月28日。

[81] 米歇尔·约翰,《两个国家之间：在纽约市拉丁美裔人的政治困境》(伊萨卡NY：康奈尔大学出版社,1995年)。

[82] 罗德尼·黑尔,《拉丁美裔人和美国人的政治体系：二元主义论》(费城：天普大学出版社,1992年)。

[83] 詹姆斯·詹宁斯,《两个城市中波多黎各人的政治：纽约和波士顿》,载詹姆斯·詹宁斯和莫顿·里维拉主编,《美国城市中的波多黎各人的政治》(韦斯特波特,CT：格林伍德出版社,1984年)。

[84] 卡瑞宁和韦尔奇,《黑人代表和城市政治》(*Black Representation and Urban Policy*)(芝加哥大学出版社,1980年)。

[85] 西蒙斯,《人们的历史：哈特福德地区团结在一起的故事》(哈特福德,CT：1995年)。

[86] 理查德·吉娜,《统计学：一项极具观赏性的体育项目》》(第二版)(纽伯里公园CA：塞奇出版公司,1990)。

[87] 弗朗斯·福克斯和理查德·克洛德,《为何美国人没有投票：为什么政治家需要这样》》(第二版)(波士顿：灯塔出版社,2000)。

[88] 安吉洛·范肯,"波多黎各人和1988年纽约市的选举",见罗德福和路易斯主编的《从修辞到现实：1988年选举中的拉丁美裔人政治》(博尔德：斯特威尔出版社,1992)。

[89] 路易斯·帕克,麦克·琼斯和塔特,《美国黑人和美国人的政治系统》》(第四版)

仅有选举政治是不够的：少数群体利益表达与政治回应

（恩格尔伍德学校：普伦蒂斯·霍尔出版社，1998）。

[90] 路易斯·德西皮欧，《依靠拉丁美裔人的投票：拉丁美裔人成为新选民》（夏洛茨维尔：弗吉尼亚大学出版社，1996）。

[91] 汉斯·沃尔顿，《美国黑人的权力和政治：政治环境下的变量》（纽约：哥伦比亚大学出版社，1997）。

[92] 施耐德，《半独立的人民》（纽约：温斯顿，1960）。

[93] 菲利普·姆斯，《教育的世界危机：八十年代的观点》（纽约：牛津大学出版社，1985 年）。

[94] 马克·摩尔，《解决问题和社团监管：对于监管策略的初步评估》，见默里和米歇尔·托尼主编的《现代策略》（芝加哥大学出版社，1992 年）。

[95] 沃特伯里市，《21 世纪前沿：沃特伯里市警察部门的计划》，1995 年 11 月。

[96] A. C. 格尔曼，《社团监管：一种评估》，载《刑法学：犯罪心理学和警察科学》60 （1969），第 89—96 页。

[97] 约翰·安琪儿，《对于传统的警察组织模式的改变：一种民主的模式》，载《犯罪心理学》，1971 年 8 月/11 月，第 185－206 页。

[98] 艾瑞克·维斯，《从城市的历史中获取经验的活动分子》，载《哈特福德报》，1999 年 11 月 25 日，A1 版。

[99] 伊丽莎白·霍尔，《警察的改变使社区组织担忧》，载《哈特福德市报》，2000 年 3 月 15 日。

[100] 克拉伦斯·斯通主编，《改变城市的教育》（劳伦斯：堪萨斯州大学出版社，1998 年）。

[101] 特雷西·戈登，《不在支持沥青厂；参议院批准措施，32－2》，载《哈特福德报》，1998 年 4 月 29 日，A5 版。

[102] 克林顿·罗西特，《联邦党人文集》（纽约：新美国图书馆，1961 年）。

[103] 鲁弗斯·布朗宁、戴尔·米歇尔和大卫·泰伯，《政治联合已经达成了吗？足够吗？》，见鲁弗斯·布朗宁、戴尔·米歇尔和大卫·泰伯主编，《美国城市的种族政治》（第三版）（纽约州白原市：朗文出版社，1997 年），第十三章。

[104] 罗伯特·达尔，《民主理论的前言》（芝加哥：芝加哥大学出版社，1956 年）。

[105] 尼古拉斯·维克，《指定的联盟：拉丁美裔人和黑人之间无言的斗争，对美国人

意味着什么》(纽约：哈珀·柯林斯出版集团，2004年)。

[106] 威廉姆·林克德,《拉丁美裔人政治的成功和联盟：劳伦斯》,刊登在卡罗和杰弗瑞·盖尔森等著的,《马萨诸塞州的拉丁美裔人政治：斗争,策略和前景》（纽约：劳特利奇出版社，2002年），第三章。

[107] 克拉伦斯·斯通,《政权政治：1946年到1988年亚特兰大市的管理》（劳伦斯：堪萨斯州大学出版社，1989年）。

[109] 克拉伦斯·斯通,《城市政权和管理能力：政治经济途径》,载《城市轶事杂志》15（1993）第1期,第1-28页。

[109] 克拉伦斯·斯通和海伍德·桑德斯主编,《城市政治的发展》（劳伦斯：堪萨斯州大学出版社，1987年）。

[110] 盖瑞·斯图克,《政权理论和城市政治》,见大卫·查治,盖瑞·斯图克和哈罗德·沃尔曼主编的《城市政治的理论》（千橡市：1995年）。

[111] 罗伯特·帕特南,《一个人打保龄球：美国社团的瓦解和复兴》（纽约：西蒙—舒斯特出版社，2000年）。

[112] 詹姆斯·卡尔曼,《社会资本和人力资本》,载《美国社会学杂志》94,附录,1988年。